Duden

100 Prüfungsfragen Abitur Deutsch

Dudenverlag
Mannheim · Zürich

Bibliografische Information der Deutschen Nationalbibliothek
Die Deutsche Nationalbibliothek verzeichnet diese Publikation in der Deutschen Nationalbibliografie; detaillierte bibliografische Daten sind im Internet über http://dnb.ddb.de abrufbar.

Bibliographisches Institut GmbH, Dudenstraße 6, 68167 Mannheim
Sonderausgabe 2013 für die WKV Direktvertriebsservice GmbH

Redaktionelle Leitung: Simone Senk
Redaktion: Dr. Christine Schlitt
Autorin: Annette Schomber

Herstellung: Andreas Preising
Layout: Horst Bachmann
Umschlaggestaltung: Hemm-communication.design, Filderstadt
Satz: Bibliographisches Institut AG
Druck und Bindung: CPI books GmbH, Birkstraße 10, 25917 Leck
Printed in Germany

ISBN 978-3-411-73831-1

Inhaltsverzeichnis

KAPITEL 1

Die Abiprüfung Deutsch – Anforderungen und Tipps

1.1 Inhalt und Aufbau der Klausur

Trotz erheblicher Unterschiede in den verschiedenen Bundesländern können für Inhalt und Aufbau der Abiturklausuren einige allgemeingültige Regeln angegeben werden. Die Klausuren im Rahmen der schriftlichen Abiturprüfung im Unterrichtsfach Deutsch

- beziehen sich sowohl auf fachliche Inhalte als auch auf fachliche Qualifikationen und sie
- bestehen aus mehreren Aufgaben, die sich i. d. R. auf beigegebene Arbeitsmaterialien wie Texte und Abbildungen beziehen.

Die Aufgaben können drei **Anforderungsbereichen (AFB)** zugeordnet werden, denen bestimmte Arbeitsanweisungen **(Operatoren)** entsprechen. Die Anforderungsbereiche spiegeln den Schwierigkeitsgrad einer Aufgabe und v. a. den Grad der Selbstständigkeit bei deren Bearbeitung wider. Aufgaben verschiedener Anforderungsbereiche unterscheiden sich daher hinsichtlich der erreichbaren Punkte. Einen Schwerpunkt in den Klausuren bilden die Aufgaben des Anforderungsbereiches II, in dem die Reorganisation und der Transfer, d. h. das selbstständige Übertragen und Anwenden des gelernten Wissens im Fach Deutsch, gefordert werden. In diesem AFB können die meisten Punkte erzielt werden.

Bereich	Bedeutung	Anteil an der Bewertung
AFB I: Wiedergabe (Reproduktion) von gelerntem Wissen	u. a. Wiedergeben, Beschreiben, Aufzählen	20–30 %
AFB II: Reorganisation und Transfer	u. a. selbstständiges Anwenden von Sachverhalten in neuen Zusammenhängen	40–65 %
AFB III: Reflexion und Problemlösung	u. a. Verarbeitung komplexer Aufgaben, wobei eigene Urteilsfähigkeit wesentlich ist	15–30 %

1.2 Die Operatoren

Für die Lösung einer Aufgabe ist es wichtig, schnell den Schwierigkeitsgrad beurteilen zu können. Dies gelingt, wenn man die genauen Formulierungen der Arbeitsanweisungen, die sog. **Operatoren,** beachtet. An den Operatoren lässt sich in vielen Fällen mehr oder weniger eindeutig erkennen, welchem der drei Anforderungsbereiche die Aufgabe zuzuordnen ist.
Bei einer ganzen Reihe von Operatoren ist diese Zuordnung allerdings nicht eindeutig und hängt von der Gesamtformulierung der Aufgabe ab. Dies gilt z. B. für „Beschreiben“ und „Skizzieren“ (kann AFB I oder II sein) oder für „Erklären“ und „Interpretieren“ (kann AFB II oder III sein).

	Operator	Bedeutung
vorwiegend AFB I	Nennen Sie ... Geben Sie an ... Formulieren Sie ... Beschreiben Sie ... Stellen Sie dar ...	Informationen aus dem Material oder dem eigenen Wissen ohne weitergehende Erläuterungen, aber unter Verwendung der Fachsprache strukturiert wiedergeben
vorwiegend AFB I	Dokumentieren Sie ...	einen Sachverhalt oder eine Problemlösung in sprachlicher, bildlicher oder anderer Form festhalten
vorwiegend AFB I	Skizzieren Sie ...	Sachverhalte, Strukturen oder Ergebnisse auf das Wesentliche reduziert und übersichtlich darstellen
vorwiegend AFB II	Fassen Sie zusammen ...	das Wesentliche eines vorgegebenen Sachverhalts fachsprachlich korrekt in knapper Form wiedergeben
vorwiegend AFB II	Erläutern Sie ...	einen Sachverhalt oder ein Phänomen mithilfe eigener Kenntnisse in einen Kausalzusammenhang einordnen und verständlich darstellen
vorwiegend AFB II	Vergleichen Sie ... Stellen Sie gegenüber ...	nach vorgegebenen oder selbst gewählten Gesichtspunkten Objekte, Sachverhalte, Ergebnisse usw. gegenüberstellen, um Gemeinsamkeiten und Unterschiede herauszufinden
vorwiegend AFB II	Analysieren Sie ...	aus vorgegebenem Material unter gezielter Fragestellung Zusammenhänge untersuchen, Strukturmerkmale herausarbeiten oder Schlussfolgerungen ziehen

	Operator	Bedeutung
vorwiegend AFB III	Begründen Sie ...	eine Einschätzung oder ein Analyseergebnis durch entsprechende Belege, Beispiele oder Argumente absichern
	Interpretieren Sie ... Deuten Sie ...	Sachverhalte erklären und abwägend darstellen
	Erörtern Sie ... Diskutieren Sie ... Beurteilen Sie ...	eine These oder Problemstellung durch Pro- und Kontraargumente auf Wert und ihre Stichhaltigkeit hin abwägend prüfen und so eine Schlussfolgerung bzw. eigene Stellungnahme entwickeln.
	Bewerten Sie ... Nehmen Sie (kritisch) Stellung ...	eine Problemstellung oder einen Sachverhalt mithilfe fachlicher Kenntnisse kritisch prüfen und zu einem Urteil gelangen, dabei einen Wertmaßstab wählen und begründen
	Entwickeln Sie ... Gestalten Sie ... Entwerfen Sie ...	den eigenen Text in Verbindung mit Textvorlage und einer konkreten Arbeitsanweisung planen und formulieren
	Vergleichen Sie ...	die Unterschiede und Gemeinsamkeiten von zwei Texten nach sachgerechten Gesichtspunkten genau untersuchen und nicht nur verbindungslos gegenüberstellen
	Prüfen Sie ... Überprüfen Sie ... Weisen Sie nach, dass ...	die Textaussage, These oder Argumentation, ein Analyseergebnis oder einen Sachverhalt auf der Grundlage eigener Kenntnisse untersuchen und zu einem selbstständigen Ergebnis kommen

1.3 Tipps zum Bearbeiten der Klausuraufgaben

- Machen Sie sich zu Anfang der Prüfung einen **Zeitplan.** Wichtig ist, auch genügend Zeit für Pausen und für ein abschließendes Durchlesen des Geschriebenen einzuplanen.
- **Lesen** Sie alle Aufgaben, die zu einem Themengebiet gehören, in Ruhe im Zusammenhang durch. Geraten Sie nicht in Panik, wenn Unklarheiten oder Verständnisschwierigkeiten auftreten. Probleme lassen sich nur durch **Nachdenken und in Ruhe lösen.** Bedenken Sie, dass vieles nach einiger Zeit der Auseinandersetzung klarer wird.
- Bearbeiten Sie die Aufgaben nach Möglichkeit in der vorgegebenen **Reihenfolge.** Die Aufgaben sind i. d. R. so gestellt, dass sie vom einfacheren zum komplexeren Sachverhalt fortschreiten. Damit können die vorherigen Aufgaben bzw. deren Lösungen die gedanklichen Voraussetzungen für die darauffolgenden **Problemstellungen** liefern. Sollten Sie jedoch bemerken, dass Sie nicht weiterkommen, dann beißen Sie sich nicht fest, sondern gehen Sie zur nächsten Aufgabe über. Lassen Sie in Ihren Aufzeichnungen genügend Platz, um das Fehlende später nachzutragen.
- Überlegen Sie bei jeder Aufgabe genau, wo das eigentliche Problem liegt. **Klären Sie,** was noch zum weiteren Zusammenhang gehört. Grenzen Sie aber auch die **Problemstellung** gegenüber unwesentlichen und nicht mehr zum Thema gehörenden Aspekten ab.
- Überlegen Sie, wie Sie die Aufgabe lösen. Überprüfen Sie dabei, welche **Lösungsansätze** in der Aufgabenstellung und in den zugehörigen Materialien bereits enthalten sind.
- Achten Sie bei Ihren Ausführungen auf **gedankliche Vollständigkeit.** Schreiben Sie alle Teilaspekte, die zum Gesamtproblem gehören, auf. Achten Sie dabei auf die logische Verknüpfung der Einzelsätze und auf eine sinnvolle Gliederung Ihrer Antwort.
- Benutzen Sie **Fachausdrücke** bei der Beantwortung der Fragen.
- Vor allem bei schwierigen Aufgaben ist es besser, wenn Sie Ihre Gedanken zunächst stichwortartig auf **Konzeptpapier** vorschreiben und dann erst die Reinschrift exakt ausformulieren. Das verhilft Ihnen zu klareren Formulierungen und erleichtert dem Korrektor die Arbeit.
- Nehmen Sie sich nach der Bearbeitung aller Teilaufgaben die **Zeit, noch einmal alles durchzulesen.** Dabei lassen sich wichtige Ergänzungen anbringen und eventuelle Fehler korrigieren. Achten Sie dabei auch auf die Einhaltung der Regeln für Rechtschreibung, Zeichensetzung und Grammatik.

Viel Erfolg im Abi!

KAPITEL 2

Sprache, Sprechen und Sprachwandel

Alle Fragen im Überblick

AFB I

1 **Stellen Sie** die dreifache Funktion des sprachlichen Zeichens nach der Definition von Karl Bühler **dar.**

2 **Beschreiben Sie** die „Anatomie einer Nachricht" (nach Friedemann Schulz von Thun).

3 **Fassen Sie** sprachlich konzise die Entwicklungsstadien der deutschen Sprache **zusammen** und **geben Sie** für die Hauptmerkmale jeweils **Beispiele.**

AFB II

4 **Stellen Sie** den Unterschied zwischen Dialekt und Soziolekt **dar.**

5 Der Sprachwissenschaftler Ferdinand de Saussure trifft in seinem Werk „Grundfragen der Allgemeinen Sprachwissenschaft" Aussagen zur Struktur von Sprache. **Erläutern Sie** seine Äußerung aus dem Textausschnitt in Material 1.

6 **Analysieren Sie** den Textauszug aus der Kurzgeschichte „Ein netter Kerl" von Gabriele Wohmann vor dem Hintergrund des Kommunikationsmodells von Friedemann Schulz von Thun.

7 **Arbeiten Sie** die Besonderheiten des Gesprächsverlaufs zwischen Nora und Helmer aus Henrik Ibsens „Nora" **heraus.**

8 **Untersuchen Sie** anhand des vorliegenden Textes von Günther Anders die möglichen Konsequenzen bei der Schaffung von Wörtern, die sprachlich neuartige Sachverhalte ausdrücken sollen (z. B. in Wissenschaft und Technik).

AFB III

9 **Vergleichen** Sie die Kommunikationsmodelle von Paul Watzlawick und Friedmann Schulz von Thun.

10 **Erläutern Sie** anhand des Textes „Der Angestellte" von Hans Magnus Enzensberger, wie die kommunikative Situation des Angestellten von seinem Arbeitsplatz bestimmt wird.

11 **Vergleichen Sie** unter sprachlichen Aspekten die Auseinandersetzung mit dem Thema Liebe im Tagelied „Slâfst du, friedel ziere" von Dietmar von Aist und in Ulla Hahns Gedicht „Mit Haut und Haar".

12 **Prüfen Sie** an Beispielen Ihres eigenen Sprachgebrauchs, in welchen Gesprächssituationen Sie in welcher Weise von Konventionen oder Normen Gebrauch machen.

1

Stellen Sie die dreifache Funktion des sprachlichen Zeichens nach der Definition von Karl Bühler dar.

AFB I

Die dreifache Funktion des sprachlichen Zeichens hat Karl Bühler in dem sog. **Organonmodell** zusammengefasst. In diesem Modell zeigt Bühler, dass die Sprache einem Werkzeug (griech. *organon*) ähnlich ist.
Nach Bühler sind beim Sprechen drei Elemente beteiligt, die über das sprachliche Zeichen in Beziehung miteinander treten. Diese drei Elemente sind:

- Sender
- Empfänger
- Gegenstände und Sachverhalte

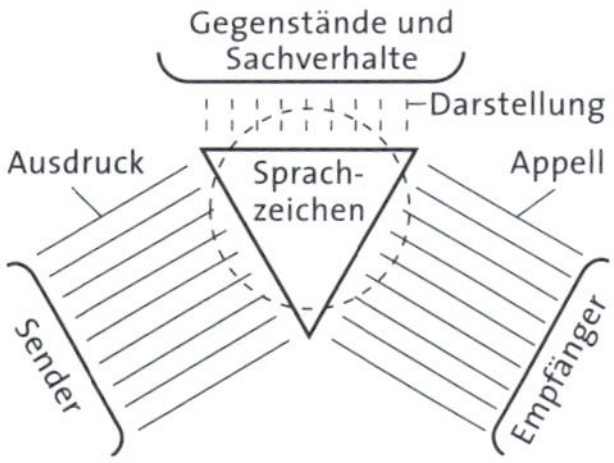

Die Gegenstände und Sachverhalte geben in der Regel den Anlass zur Kommunikation. So werden zwischen Sender und Empfänger Sprachzeichen gewechselt, um sich über Sachverhalte oder Gegenstände zu unterhalten.
Die Sprachzeichen können sich jedoch auch auf Sender und Empfänger selbst richten. Wenn sich ein Sprachzeichen auf den Sender selbst richtet, nennt Bühler die Funktion des sprachlichen Zeichens **Ausdruck.** Den auf den Empfänger zielenden Bezug bezeichnet er als **Appell.** Der auf Gegenstände und Sachverhalte zielende Bezug ist die **Darstellung** des sprachlichen Zeichens.
Ausgehend von Bühlers Organonmodell kommen dem sprachlichen Zeichen drei Funktionen zu:

- Appellfunktion
- Ausdrucksfunktion
- Darstellungsfunktion

In jeder Mitteilung sind stets alle drei Funktionen der Sprache enthalten, wobei eine der Funktionen die Kommunikation zwischen Sender und Empfänger dominieren kann. Die **Intention** (= Sprechabsicht) entscheidet letztendlich darüber, welche der Funktionen in einer sprachlichen Äußerung jeweils überwiegt. Möchte z. B. der Sender beim Empfänger eine bestimmte Handlung auslösen, so überwiegt die Appellfunktion.

AFB I

2 Beschreiben Sie die „Anatomie einer Nachricht“ (nach Friedemann Schulz von Thun).

Friedemann Schulz von Thun versucht mit dem Modell der „Anatomie einer Nachricht“ zu klären, was unter einer geglückten Kommunikation zu verstehen ist und unter welchen Bedingungen diese zustande kommt.
Anhand des sog. **Kommunikationsquadrats** verdeutlicht Schulz von Thun, was während der Übermittlung von Nachrichten passiert. Grundlage für sein Modell ist das Sender-Empfänger-Modell. Der **Sender** teilt dem **Empfänger** mittels eines verschlüsselten Zeichensystems eine Botschaft mit, die der Empfänger entschlüsseln kann. Der Empfänger gibt anschließend ein Feedback, d. h. eine Rückmeldung, ob er die Botschaft verstanden hat. In dem Kommunikationsquadrat unterscheidet Schulz von Thun **vier Seiten** einer Nachricht:

- **Sachinhalt:** die reinen Fakten einer Nachricht
- **Selbstoffenbarung:** Informationen, z. B. über die psychische Verfassung des Senders, die er bewusst oder unbewusst in der Nachricht transportiert
- **Beziehung:** Informationen über den Empfänger oder über die Beteiligten eines Gesprächs
- **Appell:** Intention des Senders, z. B. eine konkrete Handlungsanweisung oder eine stillschweigende Zustimmung, die sowohl explizit als auch implizit in einer Nachricht transportiert werden können

Eine Nachricht transportiert immer mehrere Botschaften gleichzeitig. Bei einer geglückten Kommunikation weisen alle Botschaften in eine Richtung.
Die **„Anatomie“,** also die „vierseitige“ Beschaffenheit **einer Nachricht** kann nun die Ursache dafür sein, dass eine Nachricht nicht oder falsch verstanden wird. Das hat mit der Kongruenz bzw. Inkongruenz der Signale zu tun.

Kongruenz der Signale

Weisen alle Signale einer Nachricht in eine Richtung, stimmen die Aussagen der vier Seiten überein, so spricht Schulz von Thun von einer kongruenten Nachricht. Passen die ausgesendeten Botschaften nicht zusammen, so ist die Nachricht inkongruent und kann beim Empfänger für Verwirrung oder sogar Unverständnis sorgen.

3

Fassen Sie sprachlich konzise die Entwicklungsstadien der deutschen Sprache zusammen und geben Sie für die Hauptmerkmale jeweils Beispiele.

AFB I

Die deutsche Sprache gehört zur Sprachfamilie der **indoeuropäischen** (indogermanischen) **Sprachen.** Die **erste Lautverschiebung** trennte das Germanische von den anderen indoeuropäischen Sprachen in den beiden Jahrtausenden vor Christi Geburt. Aus den Dialekten der westgermanischen Stämme entwickelte sich die deutsche Sprache in folgenden Phasen:

	Merkmale	Beispiele
Althochdeutsch (ca. 750–1050)	▪ zweite (hochdeutsche) Lautverschiebung ▪ Entlehnungen aus dem Lateinischen ▪ Umdeutungen germanischer Begriffe	▪ Ein Großteil der Konsonanten wird verschoben (z. B. „p", „t" und „k" zu „pf", „ts" und „ch") ▪ biscof, klostar ▪ germanisch „got" wird zu christlichem „Gott"
Mittelhochdeutsch (ca. 1050–1350)	▪ Abschwächung von Vokalen in Nebensilben ▪ Umlautung ▪ Auslautverhärtung ▪ Substantivierung ▪ Lehnwörter aus dem Französischen	▪ ahd. geban – mhd. geben ▪ ahd. mahtig – mhd. mächtec ▪ Genitiv: leides – Nominativ: leit ▪ rehtekeit (Gerechtigkeit) ▪ frz. danse – mhd. tanz
Frühneuhochdeutsch (ca. 1350–1650)	▪ Diphthongierung ▪ Fachausdrücke aus Handwerk, Seefahrt, kaufmännischem Bereich, Rechtswissenschaft ▪ Entwicklung einer einheitlichen Schriftsprache	▪ mhd. mîn niuwes hûs – nhd. mein neues Haus ▪ Bug, Mast, Ruder, Wechsel, Hanse, Schuldner
Neuhochdeutsch (ab ca. 1650)	▪ Normierung und Vereinheitlichung ▪ Einflüsse aus dem Englischen	▪ Großschreibung, Satzzeichen und Rechtschreibung (erste offizielle Regelung 1901) ▪ Streik, flirten, Work-Life-Balance, Download

4

Stellen Sie den Unterschied zwischen Soziolekt und Dialekt dar.

AFB II

Bei den Begriffen Soziolekt und Dialekt handelt es sich um Sprachvarietäten. Die Entwicklung von Sprachvarietäten ist gesellschaftlich, geografisch oder politisch bedingt.

Sprachvarietäten und Standardsprache

Sprachvarietäten sind Sprachen, die neben der Standardsprache existieren. Sie stimmen mit dieser in wesentlichen Merkmalen überein, weichen aber z.B. im Wortschatz, in der Formenbildung oder der Aussprache ab.
Die **Standardsprache** ist die mündliche oder schriftliche Sprachform, die als überregionales und allgemein verbindliches Verständigungsmittel benutzt wird und die Unterschiede zwischen den Sprachvarietäten überbrückt. Sie ist in Aussprache, Grammatik und Rechtschreibung normiert und wird v.a. in der öffentlichen Kommunikation (u.a. in den Medien, Ämtern, Wörterbüchern) verwendet.

Dialekt

Dialekte (Mundarten) sind örtlich oder landschaftlich begrenzte Sprachformen. Sie unterscheiden sich von der Standardsprache durch Lautung, Wortschatz, Wortformen und Syntax.
Beispiele: Bairisch, Schwäbisch, Ruhrdeutsch

Soziolekt

Der Soziolekt ist die Sprache einer sozialen Gruppe oder gesellschaftlichen Schicht. Dabei wird die Gruppenzugehörigkeit gerade durch die Verwendung der Sprache hervorgehoben.
Beispiele: Jugendsprache, Männersprache, Frauensprache, Fachsprachen

Standardsprache	Dialekt	Soziolekt
Metzger	Schlachter, Fleischer	
Kartoffel	Grumbeere, Erdäpfel	
ein dummer Mensch		Nullchecker
überlegener Mann		Chauvi

5

Der Sprachwissenschaftler Ferdinand de Saussure trifft in seinem Werk „Grundfragen der Allgemeinen Sprachwissenschaft“ Aussagen zur Struktur von Sprache. Erläutern Sie seine Äußerung aus dem Textausschnitt in Material 1.

AFB II

M1 **Ferdinand de Saussure: „Grundfragen der Allgemeinen Sprachwissenschaft“; Auszug**
[...] dass die sprachlichen Zeichen mehr oder weniger schnell umgestaltet werden. [...] in einem gewissen Sinn kann man zu gleicher Zeit von der Unveränderlichkeit und von der Veränderlichkeit des Zeichens sprechen.

Das sprachliche Zeichen ist nach de Saussure eine Einheit von **Ausdruck** (Lautung) und **Inhalt** (Bedeutung), von **Signifiant** (Signifikant/Signans) und **Signifié** (Signifikat/Designans). Die Verbindung beider Seiten ist **arbiträr,** d. h. an sich beliebig, aber durch Konvention in jeder Einzelsprache festgelegt. Der außersprachliche Bezugspunkt des sprachlichen Zeichens ist das **Denotat** (Referent).

Unveränderlichkeit des sprachlichen Zeichens

Laut de Saussure gibt es eine Veränderung des sprachlichen Zeichens im Allgemeinen nicht. Gründe dafür sind:

- Der willkürliche Charakter des sprachlichen Zeichens
- Die Vielzahl der Zeichen innerhalb eines sprachlichen Zeichensystems
- Die Komplexität des Zeichensystems
- Die kollektive Trägheit der Sprachbenutzer

Veränderlichkeit des sprachlichen Zeichens

Wenn trotz aller Unveränderlichkeit des sprachlichen Zeichens sprachliche Zeichen veränderbar sind, so liegt die Ursache dafür sowohl in der Sprache *(langue)* an sich als auch in der Sprachgemeinschaft *(masse parlante).* Die Angehörigen der Sprachgemeinschaft bzw. einzelne soziale Gruppen können im Laufe der Zeit Änderungen in der Sprache bewirken.

Im Hinblick auf ihre Unveränderlichkeit und Veränderlichkeit kann Sprache also immer auf zwei Ebenen betrachtet werden:

- Untersucht man den Zustand sprachlicher Erscheinungen zu einer bestimmten Zeit, spricht man von **synchronischer** (griech. „gleichzeitig“) Betrachtung.
- Untersucht man die geschichtliche Entwicklung der Sprache, spricht man von **diachronischer** (griech. „durch die Zeit“) Betrachtung.

6

AFB II

Analysieren Sie den Textauszug aus der Kurzgeschichte „Ein netter Kerl" von Gabriele Wohmann vor dem Hintergrund des Kommunikationsmodells von Friedemann Schulz von Thun.

M1 **Gabriele Wohmann: „Ein netter Kerl" (1978); Auszug**

Ich habe ja so wahnsinnig gelacht, rief Nanni in einer Atempause. Genau wie du ihn beschrieben hast, entsetzlich. Furchtbar fett für sein Alter, sagte die Mutter. Er sollte vielleicht Diät essen. Übrigens, Rita, weißt du, ob er ganz gesund ist? [...]
Na ja, sagte die Mutter, beschämt fing auch sie wieder an zu lachen; recht lieb, aber doch gräßlich komisch. Du hast nicht zuviel versprochen, Rita, wahrhaftig nicht. Jetzt lachte sie laut heraus. Auch hinten im Nacken hat er schon Wammen, wie ein alter Mann, rief Nanni. Er ist ja so fett, so weich, so weich! [...]
Wann kommt die große fette Qualle denn wieder, sag, Rita, wann denn? Sie warteten alle ab. Er kommt von jetzt an oft, sagte Rita. Sie hielt den Kopf aufrecht. Ich habe mich verlobt mit ihm. Am Tisch bewegte sich keiner. Rita lachte versuchsweise und dann konnte sie es mit großer Anstrengung lauter als die anderen, und sie rief: Stellt euch das doch bloß mal vor: mit ihm verlobt! Ist das nicht zum Lachen!
Sie saßen gesittet und ernst und bewegten vorsichtig Messer und Gabeln. [...]
Er ist ja ein netter Kerl, sagte der Vater. Also höflich ist er, das muß man ihm lassen. Ich könnte mir denken, sagte die Mutter ernst, daß er menschlich angenehm ist, ich meine, als Hausgenosse oder so, als Familienmitglied. Er hat keinen üblen Eindruck auf mich gemacht, sagte der Vater. Rita sah sie alle behutsam dasitzen, sie sah gezähmte Lippen. Die roten Flecken in den Gesichtern blieben noch eine Weile. Sie senkten die Köpfe und aßen den Nachtisch.

(aus: Gabriele Wohmann: Habgier. Erzählungen. München [Piper Verlag GmbH] 1978)

Der Text zeigt, welche Auswirkungen die Veränderung einer Kommunikationssituation auf die Beziehung der Kommunikationsteilnehmer haben kann.

- **Ausgangssituation:** Anfänglich wird ein junger Mann, der Rita wohl besucht hat, bloßgestellt und lächerlich gemacht. Die Gesprächsteilnehmer verraten in der **Selbstoffenbarung** einiges über sich (Gesprächsdominanz, Einschätzung des jungen Mannes, Hang zum Bloßstellen anderer, Gehässigkeit gegenüber der Schwester).

- **Veränderung der Kommunikationssituation:** Indem Rita ihre Verlobung ankündigt, bewirkt sie die Situationsänderung. Der **Sachinhalt** des Gesprächs bleibt bestehen, die Gesprächsteilnehmer kommunizieren jedoch inhaltlich positiver über ihn. Durch diese Äußerungen kommt es zu einer unfreiwilligen **Selbstoffenbarung** (Heuchelei), die das Gesagte auf der **Beziehungsebene** verschlimmert.

7

Arbeiten Sie die Besonderheiten des Gesprächsverlaufs zwischen Nora und Helmer aus Henrik Ibsens „Nora" heraus.

AFB II

M1 **Henrik Ibsen: „Nora oder ein Puppenheim" (1879), Dritter Akt; Auszug**

HELMER [...] Was soll das heißen? [...] Du hast Dich umgezogen?

NORA *(in ihrem Alltagskleid)* Ja, Torvald, jetzt hab ich mich umgezogen.

HELMER Aber warum? Jetzt, so spät –?

NORA Heute Nacht schlaf ich nicht.

HELMER Aber, liebe Nora –

NORA [...] Setz dich, Torvald; wir beide haben viel miteinander zu besprechen. [...]

HELMER *(setzt sich ihr gegenüber an den Tisch)* Nora, du ängstigst mich – ich versteh dich nicht.

NORA Das ist es eben. Du verstehst mich nicht. Und ich habe dich auch nie verstanden – bis heute Abend. Nein, unterbrich mich nicht. Hör nur, was ich sage. – Das ist eine Abrechnung, Torvald.

HELMER Wie meinst du das? [...]

NORA Wir sind nun acht Jahre verheiratet. Fällt es dir nicht auf, dass wir beide, du und ich, Mann und Frau, heute zum ersten Mal ernst miteinander reden?

HELMER Ja, ernst – was willst du damit sagen?

NORA Volle acht Jahre – ja länger – vom ersten Tag unserer Bekanntschaft an haben wir niemals ein ernstes Wort über ernste Dinge gewechselt.

HELMER Sollt' ich dich denn immer wieder in Sorgen einweihen, die du mir doch nicht tragen helfen konntest? [...]

Besonderheiten des Gesprächsverlaufs

- Nora ergreift die Initiative und fordert Helmer auf, sich zu setzen. Sie schafft so eine adäquate Gesprächssituation für sich und vermittelt ihrem Gesprächspartner ihren Wunsch, mit ihm zu sprechen.
- Nora äußert Unbehagen und Kritik an Helmer.
- Helmer reagiert mit Fragen. Für ihn ist die Situation unangenehm und ungewohnt. Er ist in der Rolle des Unwissenden, desjenigen, der nicht versteht.
- Nora hingegen analysiert die Lage klar: Helmer versteht seine Partnerin nicht mehr, da sich diese nicht rollenkonform verhält.
- Helmer ist überfordert, er kann mit dieser offenen und offensiven Kommunikationssituation nicht umgehen.
- Nora offenbart sich und bringt ihren Ehemann aus dem kommunikativen Gleichgewicht. Er wird aggressiv, unterstellt ihr mangelnde Fähigkeiten, intellektuell an seinem Leben teilnehmen zu können.

8

AFB II

Untersuchen Sie anhand des vorliegenden Textes von Günther Anders die möglichen Konsequenzen bei der Schaffung von Wörtern, die sprachlich neuartige Sachverhalte ausdrücken sollen (z. B. in Wissenschaft und Technik).

M1 **Günther Anders: Der Löwe (1966)**

Als die Mücke zum ersten Male den Löwen brüllen hörte, da sprach sie zur Henne:
„Der summt aber komisch."
„Summen ist gut", fand die Henne.
„Sondern?" fragte die Mücke.
„Er gackert", antwortete die Henne. „Aber das tut er allerdings komisch."

(aus: Günther Anders: Der Blick vom Turm, Verlag C.H. Beck oHG, München)

Situation und Problem

In dem vorliegenden Text vergleichen die Mücke und die Henne den Sachverhalt des Brüllens, für den sie keine Bezeichnung haben, mit einem ihnen bekannten Sachverhalt, für den sie eine Bezeichnung kennen. Die Bezeichnungen, die sie verwenden, entstammen ihrer jeweils **vertrauten Lebenswelt.** Der Mücke und der Henne steht kein differenziertes Sprachmaterial zur Verfügung. Daher verwenden sie jeweils ein Wort, das den Sachverhalt – den Laut eines Tieres – annähernd zu beschreiben versucht.
Henne und Mücke verfügen nicht über das sprachliche Wissen, um die Laute des Löwen exakt zu beschreiben bzw. zu benennen. Sie werden daher lediglich von ihrer Sprachgruppe verstanden. Ein **Austausch über den Sachverhalt** zwischen den Sprachgruppen ist **nicht möglich.**

Konsequenzen und Gefahr

Überträgt man die dargestellte Situation auf eine Kommunikationssituation in Wissenschaft und Technik, lassen sich folgende Konsequenzen absehen:

- Sachverhalte oder Gegenstände, für die neue Begriffe gefunden werden müssen, wie z. B. Erfindungen, werden meist mit international verständlichen Begriffen versehen. Eine internationale und somit **einheitliche Fachsprache** ist für die grenzüberschreitende Kommunikation eine Erleichterung.
- Meist handelt es sich dabei um Begriffe aus dem Englischen. Auf Wortmaterial aus der eigenen Sprache wird häufig zugunsten einer ungehinderten Kommunikation in der sog. *scientific community* verzichtet. Die Gefahr dabei: **Spezialisten** wenden sich von der Alltagssprache ihrer jeweiligen Sprachgemeinschaft ab. Sie **isolieren sich** nicht nur durch ihr Wissen, sondern auch durch die Möglichkeiten, dieses Wissen zu kommunizieren.

9

Vergleichen Sie die Kommunikationsmodelle von Paul Watzlawick und Friedemann Schulz von Thun.

AFB III

Paul Watzlawick nimmt die konkrete Gesprächssituation zum Anlass, ein Modell zu entwerfen. Seine grundlegende Annahme lautet: Es ist nicht möglich, nicht zu kommunizieren. Friedemann Schulz von Thun greift auf Watzlawicks These zurück und verbindet sie mit Bühlers Organonmodell.

Paul Watzlawick	Friedemann Schulz von Thun
Kernaussagen des Modells Jede Kommunikation hat einen **Inhaltsaspekt** (= Information, Fakten) und einen **Beziehungsaspekt** (= zwischenmenschliche Beziehung). Informationen werden durch die **digitale Kommunikation** (gesprochene Sprache) vermittelt. Wie der Inhalt einer Äußerung aufzufassen ist, wird durch die **analoge Kommunikation** (Gestik, Mimik, Tonfall) vermittelt.	**Kernaussagen des Modells** Jede Nachricht hat vier Seiten: den **Sachinhalt** (= Information, Fakten), die **Selbstoffenbarung** (= was der Sprecher über sich und seine Befindlichkeit bewusst oder unbewusst mitteilt), den **Beziehungsaspekt** (= Du-Botschaften: wie ich dich sehe; Wir-Botschaften: wie ich unsere Beziehung sehe) und den **Appellaspekt** (= Einflussnahme auf den Empfänger, etwas zu tun oder zu lassen).
Kommunikationsstörungen entstehen, wenn Inhalts- und Beziehungsaspekt bzw. digital kommunizierte Information und analog kommunizierte Empfindung nicht übereinstimmen.	**Kommunikationsstörungen** entstehen, wenn nicht alle vier Seiten der Nachricht übereinstimmen (Inkongruenz).

Unterschiede der Kommunikationsmodelle

- Watzlawick geht von zwei Aspekten der Kommunikation aus: **Inhaltsaspekt** und **Beziehungsaspekt.** Von Thun modifiziert Watzlawicks Modell, indem er es um die **Selbstoffenbarung** und den **Appellaspekt** ergänzt. Somit kommt von Thun zu der Annahme von vier Seiten einer Nachricht.
- Beide Theorien untersuchen **Störungen in der Kommunikation.** In beiden Fällen wird die Nichtübereinstimmung der ausgesendeten Botschaften als Hauptursache für eine Störung gesehen. Bei von Thuns Modell sind jedoch mehr Faktoren beteiligt, wenn es zu einem Missverständnis kommt.

10

AFB III

Erläutern Sie anhand des Textes „Der Angestellte" von Hans Magnus Enzensberger, wie die kommunikative Situation des Angestellten von seinem Arbeitsplatz bestimmt wird.

M1 **Hans Magnus Enzensberger: „Der Angestellte" (1980)**

Nie hat er jemanden umgebracht. Nein, / er wirft aus Versehen Flaschen um. / Er möchte gern, schwitzt, verliert / seinen liebsten Schlüssel. Immerzu / erkältet er sich. Er weiß, daß er muß. / Er mutet sich Mut zu, er gähnt, / er tupft seinen Gram auf den Putz. / Er denkt, lieber nicht. Eingezwängt / in zwei Schuhe, beteuert er bleich / das Gegenteil. Ja, er meldet sich an / und ab. Das Gegenteil sagt er von dem, / was er sagen wollte. Eigentlich, sagt er, / eigentlich nicht. Der Anzug ist ihm zu eng, / zu weit. Seine Stelle schmerzt. Nein, / seine eigene Handschrift kann er schon längst / nicht mehr lesen. Er hat sich scheiden lassen, / vergebens. Kein Mensch ruft ihn an. Überall / juckt es ihn. Sein Kugelschreiber läuft aus, / beim besten Willen. Er ist öfters vorhanden, / in jedem Zimmer einmal, immer allein. / Er schneidet sich beim Rasieren. Ja, / er paßt nämlich immer auf, sonst / kann er nicht schlafen. Er schläft. / Alles meckert, alles was recht ist, / alles lacht über ihn. Er merkt nicht, / was los ist. Das merkt er. Sein Kopfweh / ist unpolitisch. Er stellt sich an, / er stottert schon wieder, verschluckt sich. / Was er vorhin hat sagen wollen, das hat er / vorhin vergessen. Er hat vergessen, / sich umzubringen. Beim besten Willen. / Heimlich lebt er. Nein, er darf nicht, / aber er müßte. Er hat keinen Krebs, / aber das weiß er nicht. Sein Hut schwitzt. / Es ist ihm noch nie so gut gegangen / wie jetzt. Eigentlich möchte er nicht, / aber er muß. Er weint beim Friseur. Ja, / er ist anstellig, er entschuldigt sich. / Ja, er schreibt, ja, er kratzt sich, / ja, er müßte, aber er darf nicht, / nein, seinen Jammer hat niemand bemerkt.

(aus: H. M. Enzensberger: Die Furie des Verschwindens. Frankfurt [Suhrkamp] 1980)

Der Textausschnitt aus „Der Angestellte" von Hans Magnus Enzensberger zeigt, wie die Rolle des Angestellten von einem Menschen völlig Besitz ergriffen hat und welche kommunikativen Besonderheiten dieser gesellschaftlichen Rolle entsprechen. Die Anforderungen, die sein Arbeitsplatz an ihn stellt, bestimmen auch sein kommunikatives Verhalten.

Anpassung

- Er ist anständig, beschwert sich nie, ist allein, einsam, beziehungsunfähig.
- Er verhält sich passiv und hat resigniert.
- Er hat seine Lage akzeptiert und hat nicht die Kraft etwas zu ändern.
- Er will mutig sein, aber er traut sich nicht.
- Er leidet an seiner Situation.
- Er sagt das Gegenteil, von dem, was er sagen wollte.

Fortsetzung: Erläutern Sie anhand des Textes „Der Angestellte“ von Hans Magnus Enzensberger, wie die kommunikative Situation des Angestellten von seinem Arbeitsplatz bestimmt wird.

AFB III

Unfähigkeit, zu kommunizieren

- Er ist unfähig, über seine Befindlichkeiten zu reden, weil er in seinen Routinen gefangen ist, aber auch, weil er schon emotional abgestumpft ist und vieles nicht mehr „merkt“.
- Er glaubt, er müsse schweigen und unbemerkt in seinem Leid bleiben.
- Er hat verlernt zu reden, es bleibt ein Stottern.
- Selbst seine eigene Handschrift ist für ihn nicht mehr lesbar.
- Er ist kommunikativ von sich und der Welt abgeschnitten.

Einsamkeit

- Niemand ruft ihn an.
- Es fehlt ihm ein Partner oder Arbeitskollege, mit dem er reden könnte („Er weint beim Friseur.“).

Identitätsverlust

- Er lebt nur noch „heimlich“ – er nimmt nicht wahr, und er wird nicht wahrgenommen.
- Sein Anzug ist zu weit, zu eng, er ist eingezwängt, er spielt eine Rolle, die er nicht ist.
- Er ist öfter vorhanden, in jedem Zimmer einmal, er ist austauschbar.

Diskrepanz zwischen Bedürfnissen und Pflichten

- Seine Gefühle und Äußerungen bleiben unerkannt.
- Falls es zu einem Ausbruch kommt, entschuldigt er sich („Er muss / müsste, aber er darf nicht.“ „Nein, er darf nicht, aber er müsste.“).

11

AFB III

Vergleichen Sie unter sprachlichen Aspekten die Auseinandersetzung mit dem Thema Liebe in dem Tagelied „Slâfst du, friedel ziere?“ von Dietmar von Aist und in Ulla Hahns Gedicht „Mit Haut und Haar“.

M1 **Dietmar von Aist: „Slâfst du, friedel ziere?“ (Nr. 1)**

„Slâfst du, friedel ziere?
man weckt uns leider schiere:
ein vogellîn sô wol getân
daz ist der linden an daz zwî gegân.“

„Ich was vil sanfte entslâfen:
nu rüefstu kint Wâfen.
liep âne leit mac niht gesîn.
swaz du gebiutst, daz leiste ich, friundin
[mîn.“

Diu frouwe begunde weinen.
„du rîtst und lâst mich eine.
wenne wílt du wider her zuo mir?
owê du füerst mîn fröide sament dir!“

M2 **Ulla Hahn: „Mit Haut und Haar“ (1981)**

Ich zog dich aus der Senke deiner Jahre
und tauchte dich in meinen Sommer ein
ich leckte dir die Hand und Haut und Haare
und schwor dir ewig mein und dein zu sein.

Du wendetest mich um. Du branntest mir
[dein Zeichen
mit sanftem Feuer in das dünne Fell.
Da ließ ich von mir ab. Und schnell
begann ich vor mir selbst zurückzuweichen

und meinem Schwur. Anfangs blieb noch
[Erinnern
ein schöner Überrest der nach mir rief.
Da aber war ich schon in deinem Innern
vor mir verborgen. Du verbargst mich tief.

Bis ich ganz in dir aufgegangen war:
da spucktest du mich aus mit Haut und
[Haar.

(aus: Ulla Hahn: Herz über Kopf. © 1981 DVA, München, in der Verlagsgruppe Random House)

Beide Gedichte thematisieren die Trennung von dem Geliebten.

- Das Tagelied gestaltet die Szene vor dem Abschied, in Hahns Gedicht ist die Trennung vollzogen, es ist ein Rückblick auf die vergangene Liebe.
- Beide Gedichte thematisieren die Einsamkeit des zurückbleibenden Partners nach dem Abschied des Geliebten.
- Während es bei Dietmar ein Abschied mit der Hoffnung auf Wiederkehr ist, scheint es bei Ulla Hahn eine Trennung für immer zu sein.

Auf der sprachlichen Ebene wird dieser Befund folgendermaßen gestützt:

Dietmar von Aist: „Slâfest du, friedel ziere“

- Die **Natur** (Vogel und Linde) gibt das Zeichen für den Abschied der Liebenden: Der Vogelruf kennzeichnet den Tagesanbruch, der für die Liebenden Trennung bedeutet. Dennoch erscheint die Natur nicht als feindlich.

Fortsetzung: Vergleichen Sie unter sprachlichen Aspekten die Auseinandersetzung mit dem Thema Liebe in dem Tagelied „Slâfst du, friedel ziere?“ von Dietmar von Aist und in Ulla Hahns Gedicht „Mit Haut und Haar“.

AFB III

- Das Gedicht ist eine **Wechselrede** zwischen Mann und Frau. Die Frau spricht in Strophe 1 und 3, der Mann in Strophe 2. Die dialogische Struktur zeigt, dass zwischen den beiden Liebespartnern eine Interaktion stattfindet. Sie sprechen miteinander (Tempus: Präsens).
- Die Frau beklagt zwar den Abschied des Mannes und zeigt ihre **Traurigkeit** darüber, dass er sie verlässt („Diu frouwe begunde weinen“). Der Mann versichert ihr jedoch, dass der Abschied zur Natur der Liebe gehört („liep âne leit mac niht gesîn“). Die Trennung ist Bestandteil der Liebe.
- Angesichts der Angst der Frau vor der **Einsamkeit** („owê du füerst mîn fröide sament dir!“) versichert sie der Mann seiner **Fürsorge** (er spricht sie mit „kint“ an) und seiner **Treue** („swaz du gebiutst, daz leiste ich, friundin mîn.“).

Ulla Hahn: „Mit Haut und Haar“

- Sprachlich prägt das Gedicht eine Reimstruktur und ein Metrum. Doch ist es keine Wechselrede mit dem Geliebten, sondern der **Monolog** des oder der Zurückgelassenen. In dem Gedicht findet keine sprachliche Interaktion statt. Das lyrische Ich erinnert sich lediglich an die vergangene Liebe, der Partner ist nur noch in der Erinnerung gegenwärtig (Tempus: Präteritum).
- Im Rückblick erinnert sich das lyrische Ich an den Schwur ewiger Liebe. Doch die **Verschmelzung** mit dem Partner wird pervertiert. Die Beziehung ist nicht von Treue und Fürsorge geprägt, sondern von **Identitätsverlust** (der Partner hat das Ich aufgefressen und in seinem Inneren verborgen).
- Der Bezug zur **Natur** birgt zunächst das Positive der Beziehung: Der Sommer in der zweiten Verszeile bedeutet den Beginn der Beziehung.
- Im weiteren Verlauf bezieht Ulla Hahn das sprachliche Repertoire zur Beschreibung der Liebesbeziehung aus dem tierischen Bereich. Dadurch bekommt die Liebe eine **animalische Qualität.** Das „Du“ brennt ein Zeichen „mit sanftem Feuer in das dünne Fell“. Dieses Animalische birgt auch das Zerstörende der Liebe in sich. Das „Du“ verschlingt das „Ich“, sodass dieses tief im Inneren des Partners verborgen ist und keine Identität mehr hat.
- Das Ende der Liebe wird mit dem Ausspucken von Nahrung in Verbindung gebracht: „da spucktest du mich aus mit Haut und Haar.“ Diese Zeile pervertiert die Redewendung „ich fresse dich mit Haut und Haar“. So weicht das Menschliche vom Anfang (Hand, Haut, Haare) dem Animalischen.

12

AFB III

Prüfen Sie an Beispielen Ihres eigenen Sprachgebrauchs, in welchen Gesprächssituationen Sie in welcher Weise von Konventionen oder Normen Gebrauch machen.

Folgende beispielhaften Gesprächssituationen erfordern den Gebrauch von sprachlichen Konventionen oder Normen:

- Bei der Begegnung mit Menschen im **öffentlichen Raum** (Vorgesetzte, Menschen in gesellschaftlich höherer Stellung im Vergleich zu Freunden, Gleichaltrigen und Mitgliedern einer bestimmten *peer group*). In einer solchen Situation sind Konventionen von Bedeutung, weil das Gegenüber respektvoll behandelt werden soll und der Sprecher seine Position durch die Sprache deutlich macht.

- Bei der Begegnung mit Menschen aus unterschiedlichen **Dialektgebieten.** Die Dialektsprecher einigen sich auf die deutsche Standardsprache, um sich allgemein verständlich zu machen.

- Bei der Begegnung mit Menschen, die **Deutsch als Fremdsprache** gelernt haben oder noch lernen. Eine Sprache kann nur dann als Fremdsprache an den Lerner weitergegeben werden, wenn ihr bestimmte Konventionen und Normen zugrunde liegen. Auch hier ist es notwendig, sich mittels einer Konvention verständlich zu machen, denn eine Konvention erleichtert die Kommunikation. Dialekt, Soziolekt oder Ideolekt können herangezogen werden, um dem Lerner von Fremdsprachen die Vielfalt von Sprache zu verdeutlichen.

- In der **Arbeitswelt** ist es häufig unabdingbar, sich innerhalb einer bestimmten Sprachnorm zu begegnen. Wenn sich Experten untereinander unterhalten, verwenden sie eine Fachsprache. Wenn Expertenwissen für Laien verständlich gemacht wird, müssen die Sprecher sich an die Konventionen der Standardsprache halten.

Sprachliche Kreativität

Der kreative Umgang mit der Sprache entsteht, indem Normen und Konventionen gebrochen werden.

KAPITEL 3

Barock

Alle Fragen im Überblick

AFB I

1 **Zeigen Sie,** wie sich die Gräuel des Dreißigjährigen Kriegs im Sonett „Menschliches Elende“ von Andreas Gryphius spiegeln.

2 **Erklären Sie** anhand des Sinnbildes von Crispin de Passe, was man unter einem Emblem versteht.

3 **Bestimmen Sie** den Begriff „Poeterey“ (Martin Opitz) inhaltlich im Begriffsfeld „Poet“, „Poesie“, „Poetik“ und „poetisch“.

AFB II

4 **Erläutern Sie,** inwiefern das Titelkupfer zu Grimmelshausens „Simplicissimus Teutsch“ den Leser deutend auf die Lektüre des Romans vorbereitet.

5 **Erläutern Sie** die Bedeutung des Sonetts in der literarischen Epoche des Barock am Beispiel von Andreas Gryphius’ „Thränen des Vaterlandes“.

6 **Erklären Sie** die Gattung Epigramm anhand von Friedrich von Logaus „Nobiles bullati.“

AFB III

7 **Analysieren Sie** „Es ist alles eitel“ von Andreas Gryphius.

8 **Ordnen Sie** die vorliegende Szene aus Gryphius’ Komödie „Absurda Comica“ in den Kontext des Stücks **ein** und **zeigen Sie,** wie die Wirkung des Komischen entsteht.

1

AFB I

Zeigen Sie, wie sich die Gräuel des Dreißigjährigen Kriegs im Sonett „Menschliches Elende“ von Andreas Gryphius spiegeln.

M1 **Andreas Gryphius: „Menschliches Elende“**

Was sind wir Menschen doch? Ein Wohnhauß grimmer Schmertzen
Ein Ball des falschen Glücks / ein Irrlicht dieser Zeit.
Ein Schauplatz herber Angst / besetzt mit scharffem Leid /
Ein bald verschmeltzter Schnee und abgebrannte Kertzen.
Diß Leben fleucht davon wie ein Geschwätz und Schertzen.
Die vor uns abgelegt des schwachen Leibes Kleid
Vnd in das Todten-Buch der grossen Sterblichkeit
Längst eingeschriben sind / sind uns aus Sinn und Hertzen.
Gleich wie ein eitel Traum leicht aus der Acht hinfällt /
Vnd wie ein Strom verscheust / den keine Macht auffhält:
So muß auch unser Nahm / Lob / Ehr und Ruhm verschwinden /
Was itzund Athem holt / muß mit der Lufft entflihn /
Was nach uns kommen wird / wird uns ins Grab nachzihn.
Was sag ich? wir vergehn wie Rauch vor starcken Winden.

Andreas Gryphius' Gedicht „Menschliches Elende“ verarbeitet die Erfahrung der Gräuel des Dreißigjährigen Kriegs, indem es **Vergänglichkeit (vanitas), Todesangst** und **Weltverneinung** sprachlich in Szene setzt.
Das Gedicht beginnt mit einer Frage nach dem Menschen. Das Wort „doch“ im Sinne von „eigentlich“ konzentriert die Frage auf das Wesentliche, Grundsätzliche der menschlichen Existenz. Was ist eigentlich das Leben des Menschen? Diese Frage wird im Gedicht beantwortet. Die Antwort lautet: Das menschliche Leben ist bestimmt von Vergänglichkeit, Schmerz, Angst und Hoffnungslosigkeit, ein Weg in den Tod **(Memento Mori).**
Die Aufzählung der eindringlichen Sprachbilder zielt auf die schonungslose Darstellung des menschlichen Leides: „grimmer Schmertzen“, „falschen Glücks“, „Irrlicht“, „Ein Schauplatz herber Angst“.
Diese Vergänglichkeit macht auch vor Menschen von höherem Rang nicht halt, auch „Nahm / Lob / Ehr und Ruhm“ haben keinen Bestand und sind bedeutungslos. Letztendlich fällt jeder Aspekt des menschlichen Lebens diesem barocken Pessimismus zum Opfer, er ist absolut, an keiner Stelle des Gedichts findet sich ein Ausweg aus dem Leid oder eine hoffnungsvolle Perspektive.

2

Erklären Sie anhand des Sinnbildes von Crispin de Passe, was man unter einem Emblem versteht.

AFB I

M1

(Quelle: Herzog August Bibliothek, Wolfenbüttel)

Ein Emblem (griech. *emblema* „Eingefügtes, Einlegearbeit, Mustersinnbild für Goldschmiedearbeit") ist ein **Sinnbild** mit einem eng umgrenzten, abstrakten Sinngehalt. Das Emblem erfasst einen **abstrakten Sinngehalt im konkreten Bildvorgang** und gibt so durch originelle Deutung einen **hintergründigen Sinn** zu erkennen. Embleme sind aus der Verbindung von Bildkunst und Literatur entstanden.

Das barocke Emblem besteht aus drei Teilen:

- der **Inscriptio** (Lemma, Motto), einer Überschrift meist in lateinischer Sprache („quid si sic"; *sinngemäß:* „Was geschieht, wenn ich so erscheine?"),
- der **Pictura** (Ikon, Imago), einem Bild, das z. B. eine Szene aus Natur, Tierdichtung oder Mythologie darstellt (ein Zwerg auf Stelzen schaut in sein Spiegelbild, im Hintergrund eine lustige Gesellschaft),
- der **Subscriptio,** einem kurzen Text, oft in der Form eines Epigramms, der den bildlich dargestellten verschlüsselten Sinn zusammenfasst und erläutert („Quid si sic? Forsan cubito sim longior, heuheu. / Non ars Naturae, corrigit, Ingenium."; *sinngemäß:* „Sehe ich so, auf Stelzen, größer aus? Nie kann die Kunst die Weisheit der Natur übertrumpfen.").

3

AFB I **Bestimmen Sie den Begriff „Poeterey“ (Martin Opitz) inhaltlich im Begriffsfeld „Poet“, „Poesie“, „Poetik“ und „poetisch“.**

In seiner Poetik „Buch von der Deutschen Poeterey“ (1624) forderte **Martin Opitz** eine der europäischen Literatur gleichrangige deutschsprachige Kunstdichtung. Dabei stützte er sich auf bereits formulierte Gedanken von Scaliger, Pierre de Ronsard und Heinsius und übertrug diese auf die deutsche Literatur. Er sorgte so für den Anschluss der deutschen Dichtung an die europäische Renaissanceliteratur.

Opitz' Schrift war die erste **Poetik** in deutscher Sprache und blieb zugleich die erfolgreichste Poetik der Barockzeit. Viele Dichter und Gelehrte folgten Opitz und beriefen sich auf ihn. Opitz galt somit als Initiator der neuen deutschen Literatur. In Anlehnung an die antike Poetik des Horaz sah er die Aufgabe der **Poesie,** also der konkreten Dichtung, im *Prodesse* und *Delectare* (Nützen und Vergnügen).

Poetik

Poetik ist die **Lehre von der Dichtkunst** – als Dichtungstheorie beschäftigt sie sich mit dem Wesen, den Gattungen, Funktionen und Ausdrucksmitteln der Dichtung. Als konkrete Anweisung zum Dichten enthält sie Regeln, die der Dichter berücksichtigen muss.
Poetiken waren in Europa seit Aristoteles bis ins 18. Jahrhundert verbreitet.

Im Barock wurde Dichten **(Poeterey)** als Anwendung von erlernbaren Regeln verstanden (normative Regelpoetik), die in zahlreichen Poetiken niedergelegt waren. Der Barockdichter war ein Gelehrter **(Poeta doctus).**

Dementsprechend fordert Opitz, dass der **Poet** nicht aus Inspiration und Begabung schreibt, sondern bestimmte Regeln der Dichtkunst beherrscht und anwendet. Opitz gibt klare Anweisungen und Beispiele für das Dichten in deutscher Sprache. Dabei äußert er sich zu Inhalten, Stil, Reim, Versmaßen, Strophen und Gedichtgattungen.

Ein Gedicht galt als **poetisch,** wenn sich der Poet an die von Opitz geforderte Regelhaftigkeit hielt.

4

Erläutern Sie, inwiefern das Titelkupfer zu Grimmelshausens „Simplicissimus Teutsch" den Leser deutend auf die Lektüre des Romans vorbereitet.

AFB II

M1

Titelkupfer der Erstausgabe von Johann Jakob Christoffel von Grimmelshausens „Simplicissimus" von 1669

Beschreibung des Emblems

- Die Emblemfigur trägt menschliche und tierische Züge. Der Kopf trägt hörnerartige Gebilde und zeigt große Augen und noch größere Ohren. Die Figur blickt den Betrachter an und grinst. Der Kopf hat Züge eines Teufels und eines Esels.
- Die Figur steht auf Enten- und Rindsfuß, hat Schwingen wie ein Greifvogel und einen Fischschwanz: Diese Figur ist mit allen vier Elementen vertraut (Feuer, Luft, Wasser und Land).

4

AFB II

Fortsetzung: Erläutern Sie, inwiefern das Titelkupfer zu Grimmelshausens „Simplicissimus Teutsch" den Leser deutend auf die Lektüre des Romans vorbereitet.

- Der Oberkörper ist menschlich gebildet. Arme und Hände halten das Buch der Welt hoch, in dem repräsentative Gegenstände der Macht, des Stolzes, des Besitzes abgebildet sind.
- Masken liegen auf dem Boden, mit seinen Füßen trampelt die Figur auf diesen Fratzen herum.
- Die Figur trägt Wehrgehenk und Degen.

Zusammenhang mit dem Roman

- Das Emblem bereitet den Leser auf einen **pikaresken** oder **Schelmenroman** vor.
- Bei dem Protagonisten (Icherzähler) handelt es sich um einen Schelm (Gesichtsausdruck), der sich mit **List und Tücke** durchs Leben schlägt (die vier Elemente). Es scheint, als sei die Figur niemand anderes als der Erzähler selbst, der mit bösem Lachen die Wahrheit sagt.
- Das Wehrgehenk verweist auf den **historischen Hintergrund** (Dreißigjährigen Krieg), vor dem der Icherzähler agiert.
- Er erzählt seine Lebensabenteuer mit kritisch-satirischem Blick auf die Gesellschaft, schaut hinter deren Fassade, **demaskiert die Gesellschaft** (Masken, die zertrampelt werden).
- Das aufgeschlagene Buch verweist auf die Darstellung eines bunten, abwechslungsreichen Lebens. Gezeigt werden u. a. Gegenstände der Macht (Krone, Kanone) und des Besitzes (Schmuck). Die Gegenstände sind zum einen Verweise auf Episoden des Romans, zielen aber auch auf die Themenbereiche, die der Demaskierung zum Opfer fallen.

5

Erläutern Sie die Bedeutung des Sonetts in der literarischen Epoche des Barock am Beispiel von Andreas Gryphius' „Thränen des Vaterlandes".

AFB II

M1 **Andreas Gryphius: „Thränen des Vaterlandes" (1636)**

Wir sind doch nunmehr gantz / ja mehr den gantz verheeret!
Der frechen Völcker Schaar / die rasende Posaun
Das vom Blutt fette Schwerdt / die donnernde Carthaun /
Hat aller Schweiß / und Fleiß / und Vorrath auffgezehret.
Die Türme stehn in Glutt / die Kirch ist umgekehret.
Das Rathauß ligt im Grauß / die Starcken sind zerhaun /
Die Jungfern sind geschänd't / und wo wir hin nur schaun
Ist Feuer / Pest und Tod / der Hertz und Geist durchfähret.
Hir durch die Schantz und Stadt / rinnt allzeit frisches Blutt.
Dreymal sind schon sechs Jahr / als unser Ströme Flutt /
Von Leichen fast verstopfft / sich langsam fort gedrungen.
Doch schweig ich noch von dem / was ärger als der Tod /
Was grimmer denn die Pest / und Glutt und Hungersnoth /
Das auch der Seelen Schatz / so vilen abgezwungen.

Eine der beliebtesten Gedichtformen im Barock ist das **Sonett.** Es wird durch einen strengen formalen Aufbau gekennzeichnet, der der von Opitz geforderten Regelhaftigkeit der Poesie entspricht:

- 14 Zeilen verteilen sich auf zwei **Quartette** (Vierzeiler) und zwei **Terzette** (Dreizeiler).
- Das **Reimschema** ist abba (umarmender Reim) in den Quartetten und ccd in den Terzetten.
- Versmaß ist der **Alexandriner** (= sechshebiger Jambus mit Zäsur nach der dritten Hebung).

„Thränen des Vaterlandes" ist als Klimax aufgebaut. In der inhaltlichen Struktur spiegelt sich die umfassende Erfahrung der Allgegenwart des Todes und Vergänglichkeit des Lebens **(Vanitas)** als zentrales Thema des Barock wider.

- Spannungsaufbau in den Quartetten: Zerstörung der Außenwelt (Landschaft, Türme, Rathaus, Stadt).
- Spannungssteigerung in den Terzetten: Zerstörung des Menschen (geschändete Jungfrauen, Pest, Tod).
- Höhepunkt in der letzten Zeile: Verlust der Seele.

AFB II

6 Erklären Sie die Gattung Epigramm anhand von Friedrich von Logaus „Nobiles bullati."

M1 **Friedrich von Logau: „Nobiles bullati" (1638/1654)**

Wo ein gemahlter Brieff vnnd auffgekauffte Bullen /
Den / der nicht Edle ist / erst Edel machen sollen;
So kan auch eine Mauß deß Adelß sich vermessen /
Die einen solchen Brieff hat manchmal auffgefressen.

Im 17. Jahrhundert wird die Gattung des **Epigramms** (= Sinngedicht, Reimspruch) sehr geschätzt. Das Epigramm war ursprünglich eine Aufschrift auf Gebäuden, Kunstwerken, Weihgeschenken, Grab- und Denkmälern zur Erläuterung ihrer Bedeutung. Formal steht das Epigramm in der Nähe der Emblematik. Es spiegelt die Vorliebe der Epoche für kunstvolle rationale und rhetorische Dichtung wider. Die knapp formulierten Verse sind meist satirisch und haben eine **didaktische** Funktion. Inhaltlich unterscheidet man v. a. folgende Epigrammtypen:

- das religiöse Epigramm,
- das alltagsmoralische Epigramm,
- das gesellschaftlich-politische Epigramm,
- das literatur- und sprachkritische Epigramm und
- das galante Epigramm.

„Nobiles bullati" als Epigramm

Bei „Nobiles bullati" handelt es sich um ein politisches Epigramm. Es ist ein Beispiel für Fürsten- und Adelskritik. Inhaltlich zielt es auf die im 17. Jahrhundert sich ausbreitende Häufung von Adelsernennungen ab, von denen offenbar einige auch mit Geld bezahlt wurden.

Logau spielt mit der doppelten Bedeutung des Wortes „Adel". Zum einen gibt es die Adelstitel und -urkunden, die sich auf etwas Äußerliches beziehen und von keinerlei Bedeutung sind. Zum anderen gibt es die adelige (edle) Gesinnung, auf die es ankommt. Das Adjektiv „edel" wird mit einem Großbuchstaben geschrieben, weil es in dem Kontext besonders wichtig erscheint. Logau gibt hier ein für diese Zeit typisches Beispiel für die sog. „motivierte" Rechtschreibung.

7

Analysieren Sie „Es ist alles eitel“ von Andreas Gryphius.

AFB III

M1 Andreas Gryphius: „Es ist alles eitel“ (1663)

DV sihst / wohin du sihst nur Eitelkeit auff Erden.
Was diser heute baut / reist jener morgen ein:
Wo itzund Städte stehn / wird eine Wisen seyn /
Auff der ein Schäfers-Kind wird spilen mit den Herden:
Was itzund prächtig blüht / sol bald zutretten werden.
Was itzt so pocht und trotzt / ist Morgen Asch und Bein /
Nichts ist / das ewig sey / kein Ertz / kein Mamorstein.
Itzt lacht das Glück uns an / bald donnern die Beschwerden.
Der hohen Thaten Ruhm muß wie ein Traum vergehn.
Soll denn das Spil der Zeit / der leichte Mensch bestehn?
Ach! Was ist alles diß / was wir vor köstlich achten /
Als schlechte Nichtikeit / als Schatten / Staub und Wind;
Als eine Wisen-Blum / die man nicht wider find't
Noch will was Ewig ist kein einig Mensch betrachten!

Das Gedicht „Es ist alles eitel“ ist eines der bekanntesten **Sonette** von Andreas Gryphius. Formal zeigt es folgende Merkmale:

- 14 Zeilen bestehend aus zwei Quartetten und zwei Terzetten;
- Quartette: umarmender Reim (abba), Terzette: Reimschema ccd;
- jambisches Metrum.

Thema und Titel

„Es ist alles eitel“ ist von dem Gedanken der Vergänglichkeit alles Irdischen **(Vanitas)** geprägt. Darauf deutet bereits der Titel hin (eitel = vergänglich), der ein Bibelzitat aufnimmt. Im Alten Testament im Buch Prediger Salomo, Kapitel 1, Vers 2 der Lutherübersetzung heißt es: „Es ist alles ganz eitel.“

Analyse der Strophen

- Im ersten Vers wird die Überschrift erweitert wieder aufgenommen, wobei das „DV sihst“ eine Reihe von Beispielen für die Vergänglichkeit des Irdischen einleitet.
- In parallelen **Antithesen** werden die für den Augenblick gültigen Zustände den zukünftigen Verhältnissen gegenübergestellt (Vers 2–9). Der

Übergang von dem Istzustand zur Zukunft ist von Zerstörung geprägt. Die Parallelität der Syntax wird durch die Verwendung von **Anaphern** verstärkt („Was dieser heute baut“; Was itzund prächtig blüht“, „Was itzt so pocht und trotzt“). Trotz dieser Gleichmäßigkeit der Form, die mit aller Eindringlichkeit die Unausweichlichkeit des Vergänglichen sprachlich fasst, entsteht keine Eintönigkeit, da auf zwei parallel gebaute Sätze (Vers 2 und 3) ein eingeschobener Relativsatz folgt, der die Zerstörung noch weiter vertieft.

- Die Aufzählung der einzelnen Beispiele für die Vergänglichkeit des Irdischen gipfelt in einer **rhetorischen Frage** in Vers 10, die den ersten Teil des Sonetts abschließt und einen ersten Höhepunkt darstellt: Wie soll der Mensch als Spielball des Schicksals in diesem Leben bestehen?
- Die letzten vier Zeilen geben indirekt eine Antwort auf diese Frage. Sie beginnen zunächst mit einer Klage über die beschriebenen Umstände (Vers 11–13). Sie wird durch die **Interjektion** „Ach!“ eingeleitet und durch den parallelen Satzbau intensiviert. Die Klage gipfelt abschließend in einer Anklage (Vers 14): Die Menschen wollen nicht sehen, dass alles Irdische vergänglich ist und dass die einzige Beständigkeit im Leben im Blick auf die Ewigkeit zu finden ist.
- Die ausdrucksstarke Bildhaftigkeit unterstreicht die Kernaussage des Gedichts. Der **Vergleich** („wie ein Traum“) in der 9. Verszeile unterstreicht die Vergänglichkeit des durch gute Taten erreichten Ruhmes und die Illusion, ihn festhalten zu können. Auch die **Metapher** „Spil der Zeit“ (Zeile 10) bringt Vergänglichkeit und Unberechenbarkeit ins Bild. Ein lebendiges Bild ist die **Personifikation** des Glücks in Vers 8. Die Bildersprache macht das Sonett zu einer **Allegorie** für die Vergänglichkeit, es veranschaulicht den abstrakten Gedanken der Vanitas durch gedanklich fassbare Bilder.

Aussage

Mit den für die Barockdichtung charakteristischen Stilfiguren gestaltet Gryphius in „Es ist alles eitel“ die Frage nach dem Sinn des menschlichen Lebens angesichts der Vergänglichkeit irdischer Werte wie Macht, Schönheit, Ruhm und materielle Güter. Beständigkeit kann der Mensch nur im Glauben an die Ewigkeit finden.

8

Ordnen Sie die vorliegende Szene aus Gryphius' Komödie „Absurda Comica" in den Kontext des Stücks ein und zeigen Sie, wie die Wirkung des Komischen entsteht.

AFB III

M1 **Andreas Gryphius: „Absurda Comica. Oder Herr Peter Squentz", Erster Aufzug; Auszug**

P. SQUENTZ EDler / Woledler / Hochedler / Woledelgeborner Herr Pickelhäring / von Pickelhäringsheim und Saltznasen.
PICKELHÄRING Der bin ich.
P. SQ. Arbeitsamer und Armmächtiger Mester Kricks / über und über / Schmied.
M. KRICKS ÜBER Der bin ich.
P. SQ. Tugendsamer / auffgeblasener und windbrechender Mester Bullabutän / Blasebalckenmacher.
BULLABUTÄN Der bin ich.
P. SQ. Ehrwürdiger / durchschneidender und gleichmachender Mester Klipperling / Wolbestelter Schreiner des weitberühmbten Dorffes / Rumpels-Kirchen.
M. KLIPPERLING Der bin ich.
P. SQ. Wolgelahrter / vielgeschwinder und hellstimmiger Mester Lollinger / Leinweber und Mester Sänger.
LOLLINGER Der bin ich.
P. SQ. Treufleissiger / Wolwürckender / Tuchhaffter Mester Klotz-George / Spulenmacher.
M. KLOTZ-GEORGE Der bin ich.
P. SQ. Verschraubet euch durch Zuthuung euer Füsse und Niederlassung der hindersten Oberschenckel auff herumbgesetzte Stühle / schlüsset die Repositoria ewers gehirnes auff / verschlisset die Mäuler mit dem Schloss des Stillschweigens / setzt eure 7. Sinnen in die Falten / Herr Peter Squentz (cum titulis plennissimis) hat etwas nachdenckliches anzumelden.
PICKELHÄRING Ja / ja / Herr Peter Squentz ist ein Tieffsinniger Mann / er hat einen Anschlägigen Kopff / wenn er die Treppen hinunter fällt / er hat so einen ansehnlichen Bart / als wenn er König von Neu-Zembla wäre / es ist nur zu bejammern / dass es nicht wahr ist.

Kontext der Szene in der Komödie

Der Schulmeister Peter Squentz überredet die Handwerker des Dorfes, ein Theaterstück über die tragische Geschichte von Pyramus und Thisbe für den König aufzuführen. Er kündigt sein Vorhaben an und verteilt die Rollen. Da es mehr „Schauspieler" als Rollen gibt, werden auch die Requisiten (Mond, Brunnen, Wand) von den Handwerkern dargestellt.

8

AFB III

Fortsetzung: Ordnen Sie die vorliegende Szene aus Gryphius' Komödie „Absurda Comica" in den Kontext des Stücks ein und zeigen Sie, wie die Wirkung des Komischen entsteht.

Entstehung des Komischen

Die Wirkung des Komischen ist auf der Sprach-, Inhalts- und Spielebene festzumachen. Die Komik entsteht durch Ironie, Spott, Antiklimax, Übertreibung. Es handelt sich um Situations- und Personenkomik.

Komik auf der Inhaltsebene entsteht durch den Bruch zwischen der Ankündigung des „nachdenckliche[n]" Vorhabens (eine Tragödie aufzuführen) und den tölpelhaften Schauspielern, die Peter Squentz erst einmal zu Stillschweigen und Stillsitzen verdonnert.

Komik auf der Spielebene: Die Figuren entstammen dem niederen Stand (Schmied oder Blasebalkmacher) und verhalten sich entsprechend rüpelhaft (Personenkomik, Situationskomik).

- Peter Squentz zeigt, dass er nicht viel von den Anwesenden hält und behandelt sie entsprechend. Obgleich die Handwerker von Squentz verspottet werden, reagieren sie nicht verärgert, sondern fühlen sich durch die Vorstellung gelobt. Aus Eitelkeit und Dummheit bemerken sie nicht, dass sie der Lächerlichkeit preisgegeben werden.
- Die Handwerker wiederum nehmen Peter Squentz nicht ernst und machen sich über seine Eitelkeit und die Art und Weise lustig, wie er sich durch seine Überlegenheit in Szene setzt (Situationskomik).

Komik auf der Sprachebene: Die Handwerker werden mit sprechenden Namen oder Verballhornungen ihrer Namen versehen und so der Lächerlichkeit preisgegeben („Meister Kricks über und über").

- Peter Squentz spricht die Figuren gemäß ihres Berufsstandes an und wählt Adjektive und deren Steigerungsformen, wodurch er durch **Übertreibung** seines Lobs für die Figuren deren Eigenschaften ironisch bricht. Die **Ironie** wird durch das Stilmittel der **Antiklimax** noch gesteigert: „Edler / Woledler / Hochedler / Woledelgeborner Herr Pickelhäring".
- Durch Wortspiele wie „auffgeblasener Blasebalckmacher" wird die Figur scheinbar gelobt, eigentlich aber dem **Spott** preisgegeben.

KAPITEL 4

Aufklärung

Alle Fragen im Überblick

AFB I

1 **Formulieren Sie** die Zielsetzungen der Aufklärung und **setzen Sie** diese mit der Metaphorik des Lichts **in Verbindung.**

2 **Beschreiben Sie** die Eigenarten und Besonderheiten des Prinzen in Lessings „Emilia Galotti“ vor dem Hintergrund seines ersten und letzten Auftritts im ersten Aufzug.

3 **Untersuchen Sie** Immanuel Kants Verständnis von Aufklärung auf der Grundlage des Auszugs aus seiner Schrift „Beantwortung der Frage: Was ist Aufklärung?“

AFB II

4 **Zeigen Sie** anhand des Textauszugs, inwiefern die Erziehung im 18. Jahrhundert im Widerspruch zu den Idealen der Zeit stand.

5 **Erklären Sie** die Formulierung August Wilhelm Schlegels, dass die Aufklärung „überall auf halbem Wege stehen bleibt“.

6 **Erläutern Sie** Entstehung und Funktion des bürgerlichen Trauerspiels in der Aufklärung.

7 **Vergleichen Sie** die Abbildungen des französischen Gartens und des englischen Landschaftsgartens und **setzen Sie** die jeweiligen Merkmale mit den Idealen der Aufklärung **in Verbindung.**

AFB III

8 **Interpretieren Sie** Lessings Fabel „Die Esel“.

9 Wie **beurteilen Sie** den Aktualitätsgrad der Ringparabel aus Lessings Drama „Nathan der Weise“?

10 **Setzen Sie sich** auf der Grundlage der Textauszüge mit der Auffassung vom Menschen bei Jean-Jacques Rousseau und Adolph von Knigge **auseinander.**

1

AFB I

Formulieren Sie die Zielsetzungen der Aufklärung und setzen Sie diese mit der Metaphorik des Lichts in Verbindung.

Die wesentlichen Ziele der Aufklärung

- Die **Vernunft** als oberstes Prinzip des Denkens und Handelns.
- Die **Emanzipation des Individuums,** Befreiung von Autoritätsglauben, Vorurteilen und der Bevormundung des Menschen durch die Kirche (Säkularisierung) sowie dem Absolutismus.
- Die Forderung einer **freiheitlichen Gesellschaft** mit gleichen Rechten und Pflichten für alle.
- Die **Kritik** an den überkommenen Vorstellungen von Natur, Mensch, Gesellschaft, Staat und Gott, die sich theoretisch in der Entwicklung der Wissenschaften manifestiert, ökonomisch in der Entfaltung der Industriegesellschaft und politisch in der Anerkennung der persönlichen Freiheit.
- Die **Selbstverantwortlichkeit** des Menschen verbunden mit dem Ideal der Humanität.
- Die Forderung nach **Toleranz** gegenüber anderen Meinungen.

Die Lichtmetapher

Die Aufklärung ist von Beginn an mit der Metaphorik des Lichts verknüpft. In England wird die Bewegung etwa als „Enlightenment“ bezeichnet, in Frankreich als „Lumières“. Das Zeitalter der Aufklärung erscheint dabei häufig sinnbildlich als Sonne, die Nebel und Wolken vertreibt, oder als anbrechender Tag. Das Dunkel des mittelalterlichen Aberglaubens, der Vorurteile und der Autoritätsgläubigkeit sollen durch das Licht (der Vernunft) überwunden werden.

2

Beschreiben Sie die Eigenarten und Besonderheiten des Prinzen in Lessings „Emilia Galotti“ vor dem Hintergrund seines ersten und letzten Auftritts im ersten Aufzug.

AFB I

M1 **Gotthold Ephraim Lessing: „Emilia Galotti“ (1772), Erster Aufzug; Auszug**

Die Szene: ein Kabinett des Prinzen

Erster Auftritt

DER PRINZ *(an einem Arbeitstische voller Briefschaften und Papiere, deren einige er durchläuft).* Klagen, nichts als Klagen! Bittschriften, nichts als Bittschriften! – Die traurigen Geschäfte; und man beneidet uns noch! – Das glaub ich; wenn wir allen helfen könnten: dann wären wir zu beneiden. – Emilia? *(Indem er noch eine von den Bittschriften aufschlägt und nach dem unterschriebenen Namen sieht.)* Eine Emilia? – Aber eine Emilia Bruneschi – nicht Galotti. Nicht Emilia Galotti! – Was will sie, diese Emilia Bruneschi? *(Er lieset.)* Viel gefodert, sehr viel. – Doch sie heißt Emilia. Gewährt! *(Er unterschreibt und klingelt, worauf ein Kammerdiener hereintritt.)* Es ist wohl noch keiner von den Räten in dem Vorzimmer?

DER KAMMERDIENER Nein.

DER PRINZ Ich habe zu früh Tag gemacht. – Der Morgen ist so schön. Ich will ausfahren. Marchese Marinelli soll mich begleiten. Lasst ihn rufen. *(Der Kammerdiener geht ab.)* – Ich kann doch nicht mehr arbeiten. – Ich war so ruhig, bild ich mir ein, so ruhig – Auf einmal muss eine arme Bruneschi Emilia heißen: – weg ist meine Ruhe, und alles! –

Achter Auftritt

Camillo Rota, Schriften in der Hand. Der Prinz.

DER PRINZ Kommen Sie, Rota, kommen Sie. – Hier ist, was ich diesen Morgen erbrochen. Nicht viel Tröstliches! – Sie werden von selbst sehen, was darauf zu verfügen. – Nehmen Sie nur.

CAMILLO ROTA Gut, gnädiger Herr.

DER PRINZ Noch ist hier eine Bittschrift einer Emila Galot.. Bruneschi will ich sagen. – Ich habe meine Bewilligung zwar schon beigeschrieben. Aber doch – die Sache ist keine Kleinigkeit. – Lassen Sie die Ausfertigung noch anstehen. – Oder auch nicht anstehen: wie Sie wollen.

Der Prinz im ersten Auftritt

In den Regieanweisungen und mit seinen ersten Worten im Drama wird der Prinz charakterisiert.

- Der Prinz **jammert,** dass er „arbeiten“ muss, er schwelgt im **Selbstmitleid** und ist **faul.**

AFB I

2

Fortsetzung: Beschreiben Sie die Eigenarten und Besonderheiten des Prinzen in Lessings „Emilia Galotti“ vor dem Hintergrund seines ersten und letzten Auftritts im ersten Aufzug.

- Er überfliegt **willkürlich** Bittschriften, andere lässt er liegen. Er gebraucht seine Macht als absolutistischer Fürst, um seine eigenen Interessen zu verfolgen. Er genehmigt eine anscheinend sogar unbescheidene Bitte, nur weil die Bittstellerin Emilia heißt – genauso wie Emilia Galotti, in die er sich angeblich unsterblich verliebt hat.
- So spontan und **unmotiviert** wie er die Tätigkeit begonnen hat, beendet er sie auch.

Haupttext und Nebentext zeigen den Prinzen im ersten Auftritt als **egozentrisch, labil** und **oberflächlich** – ein Prinz, der nicht in das Bild eines Gewaltherrschers passt, sondern sich von Gefühlen und Launen leiten lässt.

Der Prinz im achten Auftritt

Der Hang zur **verantwortungs-** und **gewissenlosen** Wunsch- und Trieberfüllung wird im achten Auftritt nochmals verdeutlicht.

- Der Prinz ist **wortbrüchig:** Er steht nicht zu seinem Wort, sondern nimmt sein bereits gefälltes Urteil zurück. In der Zwischenzeit hat er nämlich erfahren, dass Emilia Galotti den Grafen Appiani heiraten wird.
- Er überlässt es daraufhin seinem Rat Rota, die Bittschrift, die er schon unterschrieben hat, auszufertigen – oder auch nicht. Dies geschieht nicht durch Überlegung, sondern aus seiner **Launenhaftigkeit** heraus.

AFB I

Untersuchen Sie Immanuel Kants Verständnis von Aufklärung auf der Grundlage des Auszugs aus seiner Schrift „Beantwortung der Frage: Was ist Aufklärung?"

M1 Immanuel Kant: „Beantwortung der Frage: Was ist Aufklärung?" (1784); Auszug

Aufklärung ist der Ausgang des Menschen aus seiner selbst verschuldeten Unmündigkeit. Unmündigkeit ist das Unvermögen, sich seines Verstandes ohne Leitung eines anderen zu bedienen. Selbstverschuldet ist diese Unmündigkeit, wenn die Ursache derselben nicht am Mangel des Verstandes, sondern der Entschließung und des Muthes liegt, sich seiner ohne Leitung eines anderen zu bedienen. Sapere aude! Habe Muth dich deines eigenen Verstandes zu bedienen! ist also der Wahlspruch der Aufklärung.

Faulheit und Feigheit sind die Ursachen, warum ein so großer Theil der Menschen, nachdem sie die Natur längst von fremder Leitung frei gesprochen (naturaliter maiorennes), dennoch gerne zeitlebens unmündig bleiben; und warum es Anderen so leicht wird, sich deren Vormündern aufzuwerfen. Es ist so bequem, unmündig zu sein. Habe ich ein Buch, das für mich Verstand hat, einen Seelsorger, der für mich Gewissen hat, einen Arzt, der für mich die Diät beurtheilt, u.s.w., so brauche ich mich ja nicht selbst zu bemühen. Ich habe nicht nöthig zu denken, wenn ich nur bezahlen kann; andere werden das verdrießliche Geschäft schon für mich übernehmen. [...]

Dass aber ein Publicum sich selbst aufkläre, ist eher möglich; ja es ist, wenn man ihm nur Freiheit läßt, beinahe unausbleiblich. Denn da werden sich immer einige Selbstdenkende sogar unter den eingesetzten Vormündern des großen Haufens finden, welche, nachdem sie das Joch der Unmündigkeit selbst abgeworfen haben, den Geist einer vernünftigen Schätzung des eigenen Werths und des Berufs jedes Menschen selbst zu denken um sich verbreiten werden. [...]

Kant formuliert in seiner Schrift die **Grundidee der Aufklärung:**

- Aufklärung heißt die Fesseln der „Unmündigkeit" ablegen.
- Unmündigkeit bedeutet, dass sich der Mensch bevormunden lässt, ohne kritisch und mit Einsatz seines Verstandes Fragen zu stellen. Ein mündiger Mensch wäre der autonome Mensch. Autonomie ist die Fähigkeit zum Selbstdenken und zur Kritik.
- Der Zustand der Unmündigkeit ist selbst verschuldet, die meisten Menschen bleiben aus Bequemlichkeit unmündig.
- Kant fordert mit dem Horaz-Zitat „Sapere aude!" („Habe Muth ...") auf, selbst zu denken, zu urteilen und Entscheidungen zu treffen.
- Sobald man den Menschen die Freiheit lässt, selbst zu denken, ist Aufklärung unvermeidlich. Selbstdenken gehört zu den natürlichen Anlagen des Menschen. Die „Selbstdenker" ermuntern andere, auch mündig zu werden.

4

AFB II

Zeigen Sie anhand des Textauszugs, inwiefern die Erziehung im 18. Jahrhundert im Widerspruch zu den Idealen der Zeit stand.

M1 **J. G. Krüger: „Wann ist das Prügeln erfordert" (1752); Auszug**

[...] Das einzige Laster, welches Schläge verdient, ist die Halsstarrigkeit. Es ist also unrecht, wenn man Kinder wegen des Lernens schlägt, es ist unrecht, wenn man sie schlägt, dass sie gefallen sind, es ist unrecht, dass man sie schlägt, wenn sie aus Versehen Schaden getan haben, es ist unrecht, wenn man sie wegen des Weinens schlägt; aber es ist recht und billig, sie wegen aller dieser Verbrechen, ja wegen noch anderer Kleinigkeiten zu schlagen, wenn sie es aus Bosheit getan haben. Wenn euer Sohn nichts lernen will, weil ihr es haben wollt, wenn er in der Absicht weint, um euch zu trotzen, wenn er Schaden tut, um euch zu kränken, kurz, wenn er seinen Kopf aufsetzt:

Dann prügelt ihn, dann lasst ihn schrein:
Nein, nein, Papa, nein, nein!

Denn ein solcher Ungehorsam ist ebenso gut als eine Kriegserklärung gegen eure Person. Euer Sohn will euch die Herrschaft rauben, und ihr seid befugt, Gewalt mit Gewalt zu vertreiben, um euer Ansehen zu befestigen, ohne welches bei ihm keine Erziehung stattfindet. [...]

Die Erziehungspraxis im 18. Jahrhundert stand größtenteils im Widerspruch zu dem in dem Zeitalter der Aufklärung geforderten Prinzipien von Vernunft, Toleranz und Eigenständigkeit im Denken. Die Erziehung im 18. Jahrhundert prägte eine **unerbittliche Strenge.** Dieser Erziehungsstil betraf sowohl Bürgertum als auch Adel. **Disziplin** war eine wichtige Grundtugend der Zeit. Sie wurde durch **Strafen,** meist Prügelstrafen, erreicht. Folgende Gegensätze zwischen Erziehungspraxis und Idealen der Zeit lassen sich feststellen:

Erziehungspraxis	Aufklärerische Erziehungsideale
Hierarchie innerhalb der Familie („Herrschaft" der Eltern)	Auch Kinder haben Rechte, annähernde Gleichberechtigung.
Trotz als „Kriegserklärung"	Trotz als Entwicklungsphase
Fehler sind „Verbrechen".	Fehler sind Entwicklungsschritte.
„Eigener Kopf" ist Ungehorsam.	eigenständiges Denken
bevormunden	erklären
Erziehung gestaltet ein ungeformtes Etwas zu einem gehorsamen Glied der Gesellschaft.	Erziehung hilft bei der Entwicklung der Anlagen des Kindes und führt zu einer eigenständigen Persönlichkeit.

5

Erklären Sie die Formulierung August Wilhelm Schlegels, dass die Aufklärung „überall auf halbem Wege stehen bleibt."

AFB II

M1 **August Wilhelm Schlegel: „Vorlesungen über schöne Literatur und Kunst" (1801–1804); Auszug**

Die Aufklärung bezeugt hingegen eine zärtliche Besorgnis um das, was sie zum Wohl der Menschheit rechnet; sie bestellt gern die Resultate der Untersuchung im Voraus, damit ja nichts Zerstörendes und Gefährliches, nichts Allzukühns oder dem Missbrauch Unterworfenes zum Vorschein komme.

Da sie folglich überall auf halbem Wege stehen bleibt, die Wahrheit an sich aber durchaus nur zu einem unbedingten Streben anregen kann, so muss es wohl etwas anderes sein, was sie von der Wahrheit will, mit einem Worte Brauchbarkeit und Anwendbarkeit.

Schlegels Kritik an der Aufklärung

August Wilhelm Schlegel hat in seinen Schriften und Vorlesungen zusammen mit seinem Bruder Friedrich Schlegel die Romantik theoretisch begründet. Der Ausgangspunkt der Romantik ist eine kritische Auseinandersetzung mit dem Sturm und Drang und der Aufklärung. Vom Standpunkt des Romantikers aus übt August Wilhelm Schlegel **Kritik an der Aufklärung** bzw. Spätaufklärung.

- Schlegel sieht in den Bestrebungen der Aufklärer die Gefahr, die eigentlichen **schöpferischen Kräfte** des Menschen zu unterdrücken. Der alles erklärende und nichts verstehende Rationalismus („sie bestellt gern die Resultate der Untersuchung im Voraus") erscheint Schlegel zu abstrakt und verhindert, dass das schöpferische Ich sich frei in alle Richtungen entfaltet. Doch dieses „unbedingte Streben", also ein Streben ohne Sinn, Zweck und Begrenzung, birgt vom Standpunkt der Aufklärer gesehen etwas „Zerstörendes und Gefährliches" in sich.
- Für Schlegel wagt die Aufklärung zu wenig, weil sie Kräfte wie **Gefühl** und **Fantasie, Illusion** oder **Improvisation** nicht zulässt. Sie bleibt auf „halbem Wege stehen", weil sie das Streben nach Wahrheit dazu benutzt, um Brauchbares und Anwendbares zu schaffen, d. h. das Messbare und Objektivierbare. Die Aufklärung ist nicht in der Lage, die freischöpferische Fantasie des Künstlers zu fördern, die eine **unendliche Sehnsucht** und ewiges Streben zum Ziel hat.

6

AFB II

Erläutern Sie Entstehung und Funktion des bürgerlichen Trauerspiels in der Aufklärung.

Entstehung des bürgerlichen Trauerspiels

Im Lauf des 18. Jahrhunderts erstarkte das **Bürgertum,** welches nun auch das tragische Schicksal von Menschen bürgerlichen Standes auf der Bühne dargestellt sehen wollte. Maßgeblich beteiligt an der Entstehung des bürgerlichen Trauerspiel waren:

- **Johann Christoph Gottsched:** Er wollte 1730 mit seinem poetischen Regelwerk das deutsche Drama erneuern. Dabei folgte er den aufklärerischen Grundsätzen und dem Vorbild des französischen Klassizismus.
- **Gotthold Ephraim Lessing:** Er griff in seiner Dramentheorie, der „Hamburgischen Dramaturgie" auf Shakespeare und Aristoteles' Poetik, v. a. dessen Katharsisbegriff, zurück.

Katharsis

Nach Aristoteles soll die Tragödie **Mitleid** (*éleos* = Jammer) und **Furcht** (*phóbos* = Schrecken) erzeugen. Die Wirkung der Tragödie ist die Reinigung bzw. Befreiung (griech. *kathársis*) von diesen Affekten.

Funktion des bürgerlichen Trauerspiels

- Nach Lessing ist der entscheidende Affekt, den die Tragödie auslöst, das **Mitleid** (mit dem Leid des Helden). Furcht definiert er als das „auf uns selbst bezogene Mitleid" (Furcht, dass uns dasselbe passieren könnte). Die Katharsis ist die Reinigung der Affekte, d. h. die Verwandlung der Affekte in **tugendhafte Fertigkeiten.** Die Funktion der Tragödie ist also eine **moralische Läuterung.**
- Die Identifikation des Zuschauers mit den Figuren auf der Bühne sollte die **Aufhebung der Ständeklausel** bewerkstelligen, nach der nun auch bürgerliche Personen und nicht nur Angehörige eines hohen Standes in der Tragödie auftreten konnten. Der **gemischte Charakter** der Figuren sollte das Mitleid(en) ermöglichen.
- Bürgerliche Trauerspiele thematisieren häufig **bürgerliche Tugendvorstellungen** und den Gegensatz von bürgerlicher Moral und der Willkür des Adels. Beispiele bürgerlicher Trauerspiele von Lessing sind „Miss Sara Sampson" (1755) und Emilia Galotti (1772).

7

Vergleichen Sie die Abbildungen des französischen Gartens und des englischen Landschaftsgartens und setzen Sie die jeweiligen Merkmale mit den Idealen der Aufklärung in Verbindung.

AFB II

M1

Französischer Garten am Loire-Schloss Château de Villandry (vollendet 1536)
(© CORBIS/Royalty-Free)

M2

Englischer Garten in Stourhead, Wiltshire (im Südwesten Englands, 1741)

Der Vergleich der beiden Gartenformen zeigt grundsätzliche Unterschiede in der Gestaltung. Der französische Garten folgt barocken Gestaltungsidealen, die auf Grundsätzen beruhen, die die Aufklärung bekämpfte.
Der englische Landschaftsgarten zeigt hingegen eine Gestaltung, die vom Geist aufklärerischer Ideale durchdrungen ist.

Merkmale des französischen Barockgartens

- Bei dem barocken Garten handelt es sich um eine Weiterentwicklung des italienischen Renaissancegartens.
- Diese Gartenform ist in erster Linie geprägt von **Künstlichkeit.** Er ist nach strengen geometrischen Regeln angelegt. Bäume sind in gleichförmigen Reihen gepflanzt, Büsche werden in geometrische Formen geschnitten. Alles Naturwüchsige und Ursprüngliche wird unterdrückt und menschlichem Gestaltungswillen unterworfen.
- Der Mensch führt sich als Beherrscher der Natur auf. Die ursprüngliche Natur ist formlos und hässlich; erst der Mensch ist in der Lage, ihr eine Gestalt zu geben. Natur darf nur als **beherrschte Natur** existieren.
- Der französische Garten hatte eine **repräsentative Funktion.**

7

AFB II

Fortsetzung: Vergleichen Sie die Abbildungen des französischen Gartens und des englischen Landschaftsgartens und setzen Sie die jeweiligen Merkmale mit den Idealen der Aufklärung in Verbindung.

Merkmale des englischen Landschaftsgartens

- Der englische Garten entstand um 1730 als malerisch geprägter Landschaftsgarten.
- Die Voraussetzung für die Gartengestaltung in England ist das im 18. Jahrhundert neu erwachte **Naturgefühl.**
- Den englischen Garten prägen nicht mehr gerade Linien und geometrisch beschnittene Gehölze, sondern eine der Natur nachempfundene Landschaft mit geschwungenen Wegen, weiten Rasenflächen und natürlichen Baumgruppen. Die Bäume und Sträucher wachsen mit derselben **Natürlichkeit,** wie man sie auch außerhalb des Gartens findet. Scheinbar über lange Zeit **gewachsene Natur** ist das oberste Prinzip der Gestaltung.
- Exakte Kanten und Winkel von Terrassen, die strenge Einteilung in Haupt- und Querachsen, Wasserspiele, umgrenzende Mauern und beschnittene Hecken wurden nicht in die Gartenkunst aufgenommen. Stattdessen bestimmen den englischen Garten Serpentinen als ästhetisches Prinzip. Gestaltungselemente wie Brücken oder Pavillons passen sich sanft in die Landschaft ein.
- Im englischen Landschaftsgarten spiegeln sich **Ideen der Aufklärung.** Nicht Beherrschung von außen, sondern Wachstum aus eigener innerer Kraft in der je eigentümlichen artentypischen Form prägt das Gartenbild. Der gleichmäßige englische Rasen kann auf die Forderung nach **Gleichheit** und **Gerechtigkeit** zurückgeführt werden. Alles, was existiert, hat auch seine Berechtigung; Existenz beruht auf **Freiheit** und nicht auf Willkür bzw. Auswahl.
- Gartenkunst galt als Einheit von Natur, Poesie und Malerei. Auch wenn es für den Betrachter nicht so wirkt, bleibt doch im englischen Garten nichts dem Zufall überlassen, sondern unterliegt einer **bewussten Gestaltung.** Alles ist sorgfältig geplant und angeordnet, um es natürlich aussehen zu lassen. Der englische Garten huldigt damit auch der zeitgenössischen Begeisterung für die Mathematik.

8

Interpretieren Sie Lessings Fabel „Die Esel".

AFB III

M1 **Gotthold Ephraim Lessing: „Die Esel"**

Die Esel beklagten sich bei dem Zeus, dass die Menschen mit ihnen zu grausam umgingen. Unser starker Rücken, sagten sie, trägt ihre Lasten, unter welchen sie und jedes schwächere Tier erliegen müssten. Und doch wollen sie uns, durch unbarmherzige Schläge, zu einer Geschwindigkeit nötigen, die uns durch die Last unmöglich gemacht würde, wenn sie uns auch die Natur nicht versagt hätte. Verbiete ihnen, Zeus, so unbillig zu sein, wenn sich die Menschen anders etwas Böses verbieten lassen. Wir wollen ihnen dienen, weil es scheinet, dass du uns dazu erschaffen hast; allein geschlagen wollen wir ohne Ursach nicht sein.

Mein Geschöpf, antwortete Zeus ihrem Sprecher, die Bitte ist nicht ungerecht; aber ich sehe keine Möglichkeit, die Menschen zu überzeugen, dass eure natürliche Langsamkeit keine Faulheit sei. Und solange sie dieses glauben, werdet ihr geschlagen werden. – Doch ich sinne euer Schicksal zu erleichtern. – Die Unempfindlichkeit soll von nun an euer Teil sein; eure Haut soll sich gegen die Schläge verhärten und den Arm des Treibers ermüden.

Zeus, schrien die Esel, du bist allezeit weise und gnädig! – Sie gingen erfreut von seinem Throne, als dem Throne der allgemeinen Liebe.

Gotthold Ephraim Lessing übt in der Fabel „Die Esel" Kritik an der Kirche, dem Adel und dem Volk – den drei Ständen in der feudalen Gesellschaft des 18. Jahrhunderts.

Personifikation der drei Stände

Die drei Stände werden jeweils von Zeus, den Menschen und den Eseln in der Fabel verkörpert.

- Zeus steht für die Kirche.
- Die Menschen stehen für den Adel.
- Die Esel stehen für das gemeine Volk.

Personifikation in der Fabel

In der Fabel verkörpern Tiere (seltener auch Pflanzen) **menschliche Eigenschaften und Verhaltensweisen,** anhand deren eine bestimmte religiöse, moralische oder praktische Belehrung oder Kritik aufgezeigt werden soll.

8

AFB III

Fortsetzung: Interpretieren Sie Lessings Fabel „Die Esel".

Die klagenden Esel gehen davon aus, dass Zeus in der Position ist, den Menschen etwas „verbieten" zu können. Zeus sieht jedoch „keine Möglichkeit, die Menschen zu überzeugen". Er hindert die Menschen nicht daran, die Esel zu unterdrücken, und dies steht wohl auch nicht im Widerspruch zu seiner Vorstellung von Gerechtigkeit. Er bestärkt vielmehr die Esel in ihrer untergeordneten Rolle, indem er ihnen aufzeigt, wie sie ihre Unterdrückung leichter ertragen können. Ihm geht es nicht um die Veränderung der Verhältnisse, sondern um die Veränderung der Einstellung zu den Verhältnissen. Lessing übt an allen drei Parteien Kritik.

Lessings Kritik an den drei Parteien

- Kritik an Kirche und Adel (Zeus und den Menschen), die eine geheime Allianz gegen das gemeine Volk schmieden und es unterdrücken.
- Kritik am Adel (den Menschen), da er das Volk (die Esel) nicht nur hart für sich arbeiten lässt, sondern auch noch „unbarmherzig" ist und immer mehr verlangt.
- Kritik an dem Volk (den Eseln), weil es so dumm ist und sich diese unmenschliche Behandlung gefallen lässt, weil es glaubt, von einer höheren Macht für dieses harte Leben geschaffen worden zu sein. Die Dummheit des Volkes gipfelt in jubelnder Zustimmung, nachdem Zeus die Unveränderlichkeit der Verhältnisse mit einer zynischen Bemerkung bestätigt hat.

9

Wie beurteilen Sie den Aktualitätsgrad der Ringparabel aus Lessings Drama „Nathan der Weise“?

AFB III

Das Drama „Nathan der Weise“ (1779) spielt in Jerusalem, der Stadt der drei Weltreligionen Christentum, Judentum und Islam, zur Zeit der Kreuzzüge. Der edle und weise Jude Nathan, der sich durch seine Vorurteilslosigkeit auszeichnet, wird zum Sultan Saladin gerufen, der aufgrund seiner Freigiebigkeit in Geldnot geraten ist. Dieser stellt dem reichen Nathan die verfängliche Frage nach der wahren Religion. Diese Frage soll Nathan testen und dem Sultan helfen, an Nathans Geld zu kommen. Daraufhin erzählt Nathan ein Märchen, die berühmte „Ringparabel“ (3. Akt, 7. Szene), die gleichzeitig das formale und gedankliche Zentrum des Dramas bildet

Parabel

Eine Parabel ist eine kurze, oft lehrhafte Erzählung, die Gleichnischarakter besitzt. Sie dient der **Veranschaulichung einer allgemeinen Wahrheit.** Eine Parabel kann inhaltlich auch ohne direkten Bezug zu dem zu veranschaulichenden Gedanken verstanden werden (im Gegensatz zum Gleichnis, das mit „so – wie“ arbeitet).

Bildlichkeit der Ringparabel

Um den Aktualitätsgrad der Ringparabel zu erkennen, ist es hilfreich, sich die Bildlichkeit der Geschichte näher anzuschauen:

- Ursprünglich gab es nur einen Ring, d. h., es gab auch **nur eine Religion.**
- In der Gegenwart gibt es drei identische Ringe, also **drei Religionen.** Sie stehen für das Judentum, mit dem Gott im Alten Testament den Bund stiftet, das Christentum, mit dem Gott im Neuen Testament den Bund stiftet, und den Islam, mit dessen Anhängern, den Muslimen, Gott im Koran den Bund stiftet. Die Vielfalt der Religionen ist also gottgewollt.
- Die Tatsache, dass die Ringe nicht mehr unterschieden werden können, führt zum Streit der Brüder um den wahren Ring. Die Suche nach dem echten Ring entspricht dem **Anspruch** jeder der drei Religionen **auf absolute Geltung.**
- Der Richter wird angerufen, um die Wahrheit zu finden. Sein weiser Rat ist eine **Aufforderung zu praktischer Humanität.** Die Echtheit des Rings erweise sich durch die „Sanftmut“, „Verträglichkeit“, „Ergebenheit in Gott“ und „Wohltun“.

9

AFB III

Fortsetzung: Wie beurteilen Sie den Aktualitätsgrad der Ringparabel aus Lessings Drama „Nathan der Weise"?

Bedeutung des Richterspruchs

Der Richterspruch bedeutet für die Zukunft, dass bestimmte Gottesvorstellungen und der Absolutheitsanspruch der Religionen irrelevant sind. Die Tatsache, dass der echte Ring nicht wiedererkannt werden kann, bedeutet, dass der Anspruch, eine endgültige Wahrheit zu besitzen, obsolet ist. Im Suchen nach der Wahrheit findet der Mensch letztendlich den Antrieb, Gutes zu vollbringen, aber er muss akzeptieren, dass er immer ein Suchender sein wird. Ziel ist eine **tolerante Gesellschaft,** in der die verschiedenen Religionsgemeinschaften unter Anerkennung der jeweils anderen Gemeinschaft friedlich miteinander leben.

Aktueller Bezug der Ringparabel

Der Prozess des Suchens nach Wahrheit birgt jedoch die Gefahr, dass die Menschen sich in ihren eigenen Vorstellungen und **Fanatismen** verlieren.
Der Streit darüber, wie die „richtige" Religion aussehe, steht jedoch im klaren Kontrast zu dem humanen Grundgedanken der Religion: Die Religion ist für den Menschen da und nicht umgekehrt. Das eigentümliche Wesen der Religion wird von denjenigen verkannt, die sich ihre eigenen Vorstellungen machen und diese gegen die anderen verteidigen. Sie kritisieren jene Menschen, die vernünftig genug sind, die Unsinnigkeit von Diskussionen über den **Absolutheitsanspruch** einer Religion zu erkennen.
Aus heutiger Sicht sind die „Vernünftigen" Menschen mit einer gewissen Bildung, Offenheit und Toleranz, die sich gegen fundamentales und einengendes Denken wehren. Dies ist im Hinblick auf den viel zitierten **„Kampf der Kulturen"** besonders wichtig.
Religion war und ist immer wieder der Grund für gewaltsame Auseinandersetzungen. Eine einfache Lösung wären eine **tolerante Haltung** und **praktische Humanität,** wie sie Nathan aufzeigt.

10

Setzen Sie sich auf der Grundlage der Textauszüge mit der Auffassung vom Menschen bei Jean-Jacques Rousseau und Adolph von Knigge auseinander.

AFB III

M1 **Jean-Jacques Rousseau: „Der Gesellschaftsvertrag" (1762); Auszug**

[...] Ich nehme hier an, daß die Menschen in ihrer natürlichen Freyheit so viel Hindernissen gefunden, die ihrer Erhaltung im Wege stehen, daß kein einzelner Mensch vermögend ist, sie zu hintertreiben. Dieser erste Stand der natürlichen Freyheit kann daher nicht bleiben, und das menschliche Geschlecht würde untergehen, wenn es denselben nicht veränderte. Wie nun die Menschen sich keine neuen Kräfte geben, sondern nur diejenigen, die sie haben, vereinigen können: so haben sie kein andres Mittel sich zu erhalten übrig, als mit zusammengesetzten Kräften die Hindernissen und den Widerstand zu heben, solchergestalt das Werk durch eine einige Triebfeder zu bewegen, und in den Gang zu bringen. [...]

M2 **Adolph von Knigge: „Joseph von Wurmbrands politisches Glaubensbekenntnis" (1792); Auszug**

[...] Nun aber üben unsre Beherrscher Rechte aus, die sich gar nicht aus dem Naturrechte erklären lassen, sondern die vielmehr mit diesem im Widerspruche stehen, die niemand ihnen übertragen konnte, die niemand ihnen übertragen hat, die ihnen nicht angeboren und nicht auf sie vererbt sein können. Solche Regenten haben dann zu befürchten, daß ihre Gewalt aufhört, sobald der gute Willen, sich dies gefallen zu lassen, lau wird. [...]

Sowohl Rousseau als auch Knigge beschreiben in den Textauszügen den Menschen in der Gesellschaft. Beide üben Kritik an dem bestehenden gesellschaftlichen Zustand. Ihr Lösungsansatz ist jedoch unterschiedlich.

Der Mensch in der Gesellschaft bei Rousseau

- Der Mensch hat zu einem bestimmten Zeitpunkt in der Geschichte auf seine natürliche Ungebundenheit verzichtet und sich mit anderen zu einer Rechtsgemeinschaft zusammengeschlossen, um sich selbst zu erhalten und seinen Besitz zu sichern. Er hat den **Naturzustand** verlassen und ist in den **Gesellschaftszustand** eingetreten. So entstand der Staat.
- Die **Freiheit** ist das ureigenste Merkmal des Menschen. Der Verlust der Freiheit bedeutet damit gleichzeitig auch Verlust der **Menschlichkeit.** Der Mensch lebt im Gesellschaftszustand immer mit einer Maske, er kann sich nicht zeigen, wie er wirklich ist.

10

AFB III

Fortsetzung: Setzen Sie sich auf der Grundlage der Textauszüge mit der Auffassung vom Menschen bei Jean-Jacques Rousseau und Adolph von Knigge auseinander.

- Die naturgegebene Freiheit des Menschen wird durch den Staat eingeschränkt. Der Mensch muss daher eine Form des Zusammenlebens finden, die es ihm ermöglicht, mit anderen zusammenzuleben und dennoch frei zu sein. Die Lösung, die Rousseau anbietet, lautet: Jedes Staatsmitglied gibt sich in völliger Entäußerung mit allen seinen Rechten an das Gemeinwesen als Ganzes hin. Der Mensch ist Vernunft und Tugend in einem und hat stets das **Wohl der Gemeinschaft** im Blick. Indem sich der Einzelne dem Wohl des Staates unterordnet, gehorcht er sich selbst und ist damit frei. An die Stelle des zerstörerischen Individuums tritt ein neuer Mensch, der den anderen gegenüber gleichberechtigt ist.

Der Mensch in der Gesellschaft bei Knigge

- Der gesellschaftliche Zustand wird bei Knigge wertend beschrieben. Das Ziel ist eine **Veränderung** des gesellschaftlichen Zustands.
- Die Veränderung bedeutet Abschaffung des despotischen Regimes der absolutistischen Staaten. Denn das feudale Herrschaftssystem unterdrückt die naturgegebene **Freiheit** des Menschen.
- Die philosophische Grundlage für die Forderung nach Abschaffung der Feudalherrschaft liegt in der Auffassung, dass die Menschen von Natur aus gleich sind. Ihre **Gleichheit** liegt im **Naturrecht** begründet.
- Die auf Gott zurückgeführte Herrschaftsgewalt des absoluten Regenten kann nur durch das Volk gebrochen werden. Dies ist eine **revolutionäre Forderung,** die auf die Freiheit und Gleichheit der Bürger abzielt.

KAPITEL 5

Sturm und Drang

Alle Fragen im Überblick

AFB I

1 **Skizzieren Sie** kurz das neue Lebensgefühl und Dichtungsverständnis des Sturm und Drangs, indem **Sie** diese mit der Aufklärung **vergleichen.**

2 **Stellen Sie** anhand der Szene aus Schillers „Kabale und Liebe“ stichpunktartig **dar,** wie sich das Verhalten und die Wertmaßstäbe Ferdinands von denen des Präsidenten unterscheiden.

3 **Erläutern Sie** die Bedeutung des Briefromans während des Sturm und Drangs am Beispiel von Goethes „Die Leiden des jungen Werthers“.

AFB II

4 **Untersuchen Sie** die sprachliche Gestaltung von Goethes Hymne „Prometheus“ und ihre Bedeutung für die Gedichtaussage.

5 **Untersuchen Sie** Schillers dramaturgisches Verständnis anhand der Vorrede zu dem Trauerspiel „Die Räuber“.

6 **Begründen Sie** anhand des Textauszugs, inwiefern die Figur des Götz aus Goethes Drama „Götz von Berlichingen“ als Vertreter des Sturm und Drangs aufgefasst werden kann.

7 **Erläutern Sie** anhand der Passage aus Schillers Erzählung „ Der Verbrecher aus verlorener Ehre“, wie Schiller zum Verbrechen steht.

AFB III

8 **Analysieren Sie** die Genieauffassung des jungen Goethe anhand seiner Schrift „Zum Shakespeares-Tag“.

9 **Interpretieren Sie** Ludwig Höltys Gedicht „Das Landleben“ hinsichtlich der dargestellten Natur.

1

AFB I

Skizzieren Sie kurz das neue Lebensgefühl und Dichtungsverständnis des Sturm und Drangs, indem Sie diese mit der Aufklärung vergleichen.

Das neue Lebensgefühl und Dichtungsverständnis des Sturm und Drangs entstand in der Auseinandersetzung mit der Aufklärung. Der Sturm und Drang wandte sich vor allem **gegen den einseitigen Rationalismus** der Aufklärung.

Aufklärung	Sturm und Drang
Verstand als einzige Instanz in allen Lebensbereichen	Verbindung bzw. Versöhnung von Verstand und Gefühl, Ratio und Natur
„lebensfeindliche" Moral	Sinnlichkeit
Normen- und Regelgläubigkeit	Spontaneität, Lebendigkeit, Schöpferisches
gesellschaftliche Konventionen	freie Entfaltung der Persönlichkeit aufgrund ihrer natürlichen Anlagen und Empfindungen
zivilisatorisch-gesellschaftliche Einrichtungen, in die sich das Individuum einzuordnen hat	Selbstverwirklichung des Individuums
der Dichter als Gelehrter (poeta doctus)	der Dichter als Genie
Dichtung ist lehr- und lernbar.	Dichtung ist der spontane und schöpferische Ausdruck des Dichters.
Dichtung entsteht durch bewusste Anwendung von Regeln (normative Poetik).	Dichtung entsteht durch einen irrationalen Schaffensprozess.

2

Stellen Sie anhand der Szene aus Schillers „Kabale und Liebe" stichpunktartig dar, wie sich das Verhalten und die Wertmaßstäbe Ferdinands von denen des Präsidenten unterscheiden.

AFB I

M1 **Friedrich Schiller: „Kabale und Liebe" (1784), Erster Akt; Auszug**

Ferdinand, der Präsident, Wurm welcher gleich abgeht.

FERDINAND Sie haben befohlen, gnädiger Herr Vater –

PRÄSIDENT Leider muss ich das, wenn ich meines Sohns einmal froh werden will – Lass Er uns allein, Wurm! – Ferdinand, ich beobachte dich schon eine Zeit lang, und finde die offene rasche Jugend nicht mehr, die mich sonst so entzückt hat. Ein seltsamer Gram brütet auf deinem Gesicht – Du fliehst mich – Du fliehst deine Zirkel – Pfui! – *Deinen* Jahren verzeiht man zehn Ausschweifungen vor einer einzigen Grille. Überlass diese mir, lieber Sohn. Mich lass an deinem Glück arbeiten und denke auf nichts, als in meine Entwürfe zu spielen. – Komm! Umarme mich, Ferdinand.

FERDINAND Sie sind heute sehr gnädig, mein Vater.

PRÄSIDENT Heute, du Schalk – und dieses Heute noch mit der herben Grimasse? *(Ernsthaft.)* Ferdinand! – *Wem* zulieb' hab ich die gefährlich Bahn zum Herzen des Fürsten betreten? *Wem* zulieb' bin ich auf ewig mit meinem Gewissen und dem Himmel zerfallen? – Höre, Ferdinand – (ich spreche mit meinem Sohn) – *wem* hab ich durch die Hinwegräumung meines Vorgängers Platz gemacht – eine Geschichte, die desto blutiger in mein Inwendiges schneidet, je sorgfältiger ich das Messer der Welt verberge. Höre. Sage mir, Ferdinand: *Wem* tat ich dies alles?

FERDINAND *(tritt mit Schrecken zurück)*. Doch *mir* nicht mein Vater? Doch auf *mich* soll der blutige Widerschein dieses Frevels nicht fallen? Beim allmächtigen Gott! Es ist besser, gar nicht geboren sein, als dieser Missetat zur Ausrede dienen.

PRÄSIDENT Was war das? Was? Doch! Ich will es dem Romanenkopfe zugut' halten. – Ferdinand – ich will mich nicht erhitzen, vorlauter Knabe – lohnst du mir *also* für meine schlaflosen Nächte? *Also* für meine rastlose Sorge? [...] Du empfängst dein Glück von der zweiten Hand – das Verbrechen klebt nicht am Erbe.

FERDINAND *(streckt die rechte Hand gen Himmel)*. Feierlich entsag ich hier einem Erbe, das mich nur an einen abscheulichen Vater erinnert. [...]

Der Konflikt

Der Konflikt zwischen dem Präsidenten und Ferdinand in der 7. Szene des 1. Akts ist ein Vater-Sohn-Konflikt. Gleichzeitig treffen in ihm verschiedene Weltanschauungen und Wertmaßstäbe aufeinander. Die Wertmaßstäbe finden ihren Ausdruck im Verhalten und in den Sprechakten der beiden Figuren.

AFB I

2 **Fortsetzung:** Stellen Sie anhand der Szene aus Schillers „Kabale und Liebe“ stichpunktartig dar, wie sich das Verhalten und die Wertmaßstäbe Ferdinands von denen des Präsidenten unterscheiden.

Präsident	Ferdinand
Der Sprechanteil des Präsidenten ist ungleich höher als der Ferdinands. Dadurch werden die Machtverhältnisse in diesem Konflikt deutlich.	Ferdinands Sprechanteil ist ungleich geringer. Ferdinand agiert zurückhaltend und defensiv.
Die Sprechakte des Präsidenten sind von Drohungen und Befehlen geprägt.	Ferdinands Sprechakte sind von seiner Empfindsamkeit geprägt. Er begegnet seinem Vater mit naiver Offenheit und Gefühlsäußerungen und macht nur durch Gestik deutlich, was er von dem Vater hält.
Mit seinen Worten unterstützt er die Despotie und Unmoral.	Ferdinand spricht für Moral und Herz. Er vertritt die bürgerlichen Wertmaßstäbe und beruft sich auf Gott.
Er vertritt das feudale Standesdenken.	Er widersetzt sich dem feudalen Standesdenken.
In seiner Skrupellosigkeit schreckt er vor keiner Tat zurück, um an die Macht zu kommen. Der Zweck heiligt die Mittel.	Er ist entsetzt über die Skrupellosigkeit des Vaters. Für ihn zählen ein reines Gewissen und Ehrlichkeit.
Er erwartet Dankbarkeit und Gehorsam. Ferdinand soll trotz der schmutzigen Intrige sein Nachfolger werden.	Er entzieht sich der Autorität seines Vaters.

3

Erläutern Sie die Bedeutung des Briefromans während des Sturm und Drangs am Beispiel von Goethes „Die Leiden des jungen Werthers“.

AFB I

Das gesteigerte Interesse am Individuum führte in der epischen Dichtung des Sturm und Drangs zur **autobiografischen Darstellung.** Besonders beliebt war der **Briefroman.** Das überragende Beispiel für den Briefroman des Sturm und Drangs ist Goethes „Die Leiden des jungen Werthers“.

Briefroman

Eine Romanform, die aus fiktionalen Briefen, Tagebucheinträgen oder anderen Lebensdokumenten besteht. Das Geschehen wird aus der **subjektiven Perspektive** einer oder mehrerer Figuren dargestellt.

Thema des Romans

- Vordergründig ist der Roman eine tragische Liebesgeschichte, in der zwei Menschen (Werther und Lotte) nicht zueinanderfinden.
- Auf einer tieferen Ebene geht es um Werthers Leiden an der Leere des menschlichen Daseins und seinem Versuch, sich aus diesem Leben zu befreien und die Welt auf etwas Höheres hin zu durchdringen.

Werthers Leiden und Ausweg

- Diese Befreiung ist eine Flucht aus der beschränkten Wirklichkeit in die gesellschaftliche Isolation und in die **Innerlichkeit.** Zeichen für Werthers Isolation ist die Tatsache, dass nur er Briefe schreibt. Seine Äußerungen sind Monologe, keiner aus seinem gesellschaftlichen Umfeld – weder die Mutter noch der Freund, noch Lotte – können ihm helfen.
- Werthers auswegloses Leiden an der Leere des menschlichen Daseins („Was soll mir das?“) und seine Verzweiflung münden in seinen Freitod. Seine letzten Worte spiegeln die Empfindsamkeit der Epoche wider.

Bezug zum Sturm und Drang

Der Roman gestaltet das Scheitern des Individuums, das versucht, sich durch das schwärmerische und unmittelbare Erlebnis der Natur und der Liebe aus den „fatalen bürgerlichen Verhältnissen“ zu befreien und eine tiefere Verbindung zu dem als leer empfundenen Leben zu finden.

4

AFB II

Untersuchen Sie die sprachliche Gestaltung von Goethes Hymne „Prometheus" und ihre Bedeutung für die Gedichtaussage.

M1 Johann Wolfgang von Goethe: „Prometheus" (1774); Auszug

Bedecke deinen Himmel, Zeus,
Mit Wolkendunst!
Und übe, Knaben gleich,
Der Diesteln köpft,
An Eichen dich und Bergeshöhn!
Musst mir meine Erde
Doch lassen stehn,
Und meine Hütte,
Die du nicht gebaut,
Und meinen Herd,
Um dessen Glut
Du mich beneidest.

Ich kenne nichts Ärmer's
Unter der Sonn' als euch Götter.
Ihr nähret kümmerlich
Von Opfersteuern
Und Gebetshauch
Eure Majestät
Und darbtet, wären
Nicht Kinder und Bettler
Hoffnungsvolle Toren.

Da ich ein Kind war,
Nicht wusst', wo aus, wo ein,
Kehrte mein verirrtes Aug'
Zur Sonne, als wenn drüber wär'
Ein Ohr, zu hören meine Klage,
Ein Herz wie meins,
Sich des Bedrängten zu erbarmen.

Wer half mir wider
Der Titanen Übermut?
Wer rettete vom Tode mich,
Von Sklaverei?
Hast du's nicht alles selbst vollendet,
Heilig glühend Herz?
Und glühtest, jung und gut,
Betrogen, Rettungsdank
Dem Schlafenden dadroben?

[...]

In der griechischen Mythologie ist **Prometheus** ein Titan, der aus Ton Menschen formt und sie dann belebt. Er raubte gegen den Willen der Götter vom Olymp das Feuer und schenkte es den Menschen. Die Gestalt des Prometheus wird in der Epoche des Sturm und Drangs zum Inbegriff des Genies, das jeder höheren Autorität trotzt und selbstbewusst seine eigenen Schöpfungen hervorbringt. Die sprachliche Gestaltung der Hymne folgt diesem Thema.

Die **Hymne** hat die Form eines dramatischen Monologs bzw. Rollengedichts. Zeus ist das gedachte Gegenüber, an das sich Prometheus wendet.

4

Fortsetzung: Untersuchen Sie die sprachliche Gestaltung in Goethes Hymne „Prometheus“ und ihre Bedeutung für die Gedichtaussage.

AFB II

Hymne

Im Griechischen wurde mit *hymnos* ein feierlicher Lob- oder Preisgesang eines Gottes oder Helden bezeichnet, der anlässlich von Kultfesten von Musik begleitet vorgetragen wurde.
In späteren Epochen kam es zu unterschiedlichen Ausprägungen der Hymne. Im 18. Jahrhundert sind es v. a. feierliche freirhythmische Verse über Themen wie Religion oder Freundschaft.

Die Besonderheiten der sprachlichen Gestaltung und ihre Bedeutung für die Gedichtaussage

- Der einleitende **Imperativ** stellt die Hierarchie auf den Kopf: Der höchste Gott wird zum Befehlsempfänger degradiert. Die imperativischen Wendungen geben bereits das Thema der Hymne an: die Auflehnung des Prometheus gegen die Autorität des Zeus und sein Kampf um Unabhängigkeit und Selbstverwirklichung.
- Dass sich Prometheus von Zeus und den anderen Göttern bewusst abgrenzt, wird durch die polare Verwendung von **Personal-, Reflexiv-** und **Possessivpronomen** ausgedrückt (ich – du, ihr; meine – dein, eure; mich, mir – euch)
- Ausrufe und **rhetorische Fragen** zeigen die schöpferische Kraft, Ungebundenheit und Regellosigkeit des Prometheus, der voller Tatendrang Zeus begegnet.
- Der zentrale Vers des Gedichts ist „Heilig glühend Herz“. Das Glühen ist das **Symbol** für die Lebendigkeit und Gefühlstiefe von Prometheus. Es bringt Rettung und ersetzt die Götter. Gleichzeitig werden die Defizite des Zeus vor Augen geführt, der eine wichtige Komponente des Daseins vermissen lässt: das Gefühl. Die Bedeutung des „Glühens“ zeigt sich daran, dass es nicht nur als Adjektiv, sondern auch als Verb („glühtest“) und in der ersten Strophe als Nomen („Glut“) auftaucht.
- Die Hymne prägen **freie Rhythmen,** also reimlose, metrisch ungebundene, doch stark rhythmische Verszeilen von beliebiger Länge, Hebungs- und Senkungszahl. Sie ermöglichen eine größere Ausdrucksfähigkeit der Empfindungen. Das Gedicht wird durch Inhalt und Form zum Ausdruck eines schöpferischen Originalgenies.

5

AFB II **Untersuchen Sie Schillers dramaturgisches Verständnis anhand der Vorrede zu dem Trauerspiel „Die Räuber“.**

M1 **Friedrich Schiller: „Die Räuber“. Vorrede (1781); Auszug**

Man nehme dieses Schauspiel für nichts anders als eine dramatische Geschichte, die die Vorteile der dramatischen Methode, die Seele gleichsam bei ihren geheimsten Operationen zu ertappen, benutzt, ohne sich übrigens in die Schranken eines Theaterstücks einzuzäunen oder nach dem so zweifelhaften Gewinn bei theatralischer Verkörperung zu geizen. [. . .]

Nun ist es aber nicht sowohl die Masse meines Schauspiels als vielmehr sein Inhalt, der es von der Bühne verbannet. Die Ökonomie desselben machte es notwendig, dass mancher Charakter auftreten musste, der das feinere Gefühl der Tugend beleidigt und die Zärtlichkeit unserer Sitten empört. Jeder Menschenmaler ist in diese Notwendigkeit gesetzt, wenn er anders eine Kopie der wirklichen Welt und keine idealischen Affektationen, kein Kompendienmenschen will geliefert haben. Es ist einmal so die Mode in der Welt, dass die Guten durch die Bösen schattiert werden und die Tugend im Kontrast mit dem Laster das lebendigste Kolorit erhält. Wer sich den Zweck vorgezeichnet hat, das Laster zu stürzen und Religion, Moral und bürgerliche Gesetze an ihren Feinden zu rächen, ein solcher muss das Laster in seiner nackten Abscheulichkeit enthüllen und in seiner kolossalischen Größe vor das Auge der Menschheit stellen – [...] er muss sich in Empfindungen hineinzuzwingen wissen, unter deren Widernatürlichkeit sich seine Seele sträubt.

In dem Auszug aus der Vorrede zur Buchausgabe des Trauerspiels „Die Räuber“ formuliert Schiller die Ziele des Stücks. An ihnen wird sein Dramenverständnis deutlich.

Ziele des Dramas

- Das Drama dient als Mittel zur geistigen und moralischen Verbesserung des Menschen durch die Figur, die „unsere Sitten empört“.
- Das Drama ist ein Mittel, um gesellschaftliche und politische Missstände zu verändern.
- Das Drama will keine Idealwelt zeigen, sondern die Wirklichkeit darstellen, in der tugendhaftes Verhalten und Laster bzw. Verbrechen miteinander im Kampf stehen. Die Tugendhaftigkeit gewinnt erst im Kampf mit dem Bösen an Kontur.

6

Begründen Sie anhand des Textauszugs, inwiefern die Figur des Götz aus Goethes Drama „Götz von Berlichingen" als Vertreter des Sturm und Drangs aufgefasst werden kann.

AFB II

M1 **Johann Wolfgang von Goethe: „Götz von Berlichingen mit der eisernen Hand" (1773), Erster Akt; Auszug**

Herberge imWald

GÖTZ *(vor der Tür unter der Linde).* Wo meine Knechte bleiben! Auf und ab muss ich gehen, sonst übermannt mich der Schlaf. Fünf Tag und Nächte schon auf der Lauer. Es wird einem sauer gemacht, das bisschen Leben und Freiheit. Dafür, wenn ich dich habe, Weislingen, will ich mir's wohl sein lassen. *(Schenkt ein.)* Wieder leer! Georg! Solang's daran nicht mangelt und an frischem Mut, lach ich der Fürsten Herrschsucht und Ränke. – Georg! – Schickt ihr nur euern gefälligen Weislingen herum zu Vettern und Gevattern, lasst mich anschwärzen. Nur immer zu. Ich bin wach. Du warst mir entwischt, Bischof! So mag denn dein lieber Weislingen die Zeche bezahlen. – Georg! Hört der Junge nicht? Georg! Georg!

Götz als Repräsentant des Sturm und Drangs

Götz von Berlichingen ist eine Figur, die über Eigenschaften verfügt, die ihn zu einem typischen Repräsentanten des Sturm und Drangs werden lassen.

- **Naturhaftigkeit:** Sein erster Auftritt findet unter freiem Himmel statt.
- **Autonomie:** Er hilft sich selbst („[...] wenn ich dich habe, Weislingen [...]"; „So mag denn Weislingen die Zeche bezahlen.").
- **Unabhängigkeit:** Er gehört dem freien Ritterstand an, ist unabhängig von der höfischen Gesellschaft („[...] lach ich der Fürsten Herrschsucht und Ränke.").
- **Freiheit:** Er verteidigt seine Freiheit vehement („Es wird einem sauer gemacht, das bisschen Leben und Freiheit.").

Götz' Sprache

Götz' Charakter spiegelt sich in seiner Sprache. Er sagt sowohl „was", als auch „wie" er fühlt. Er ist aufgewühlt und steht unter dem Einfluss von Alkohol. Seine Rede ist spontan und der Alltagssprache angenähert. Goethe erreicht das mit folgenden sprachlichen Mitteln:

- Ausrufesätzen,
- einfachem Satzbau, Hang zu Parataxe („Schickt nur [...], lasst mich [...]") und Ellipse („Wieder leer"),
- umgangssprachlichen Wendungen („Zeche bezahlen", „anschwärzen").

7

AFB II

Erläutern Sie anhand der Passage aus Schillers Erzählung „Der Verbrecher aus verlorener Ehre", wie Schiller zum Verbrechen steht.

M1 **Friedrich Schiller: „Der Verbrecher aus verlorener Ehre" (1786); Auszug**

Man hat das Erdreich des Vesuvs untersucht, sich die Entstehung seines Brandes zu erklären; warum schenkt man einer moralischen Erscheinung weniger Aufmerksamkeit als ein physischen? Warum achtet man nicht in eben dem Grade auf die Beschaffenheit und Stellung der Dinge, welche einen solchen Menschen umgaben, bis der gesammelte Zunder in seinem Inwendigen Feuer fing? Den Träumer, der das Wunderbare liebt, reizt eben das Seltsame und Abenteuerliche einer solchen Erscheinung; der Freund der Wahrheit sucht eine Mutter zu diesen verlorenen Kindern. Er sucht sie in der unveränderlichen Struktur der menschlichen Seele und in den veränderlichen Bedingungen, welche sie von außen bestimmten, und in diesen beiden findet er sie gewiss. [...] Wenn ich auch keinen der Vorteile hier in Anschlag bringe, welche die Seelenkunde aus einer solchen Behandlungsart der Geschichte zieht, so behält sie schon allein darum den Vorzug, weil sie den grausamen Hohn und die stolze Sicherheit ausrottet, womit gemeiniglich die ungeprüfte aufrecht stehende Tugend auf die gefallne herunterblickt; weil sie den sanften Geist der Duldung verbreitet, ohne welchen kein Flüchtling zurückkehrt, keine Aussöhnung des Gesetzes mit seinem Beleidiger stattfindet, kein angestecktes Glied der Gesellschaft von dem gänzlichen Bande gerettet wird. [...]

Verbrechen und gesellschaftliche Umwelt

Schiller zeigt in seiner Erzählung Verständnis für den Täter. Er setzt dessen Tat in ein Verhältnis zur gesellschaftlichen Umwelt.

- Verbrechen ist ein **Abfall von der Norm,** der von äußeren Bedingungen, den **sozialen Gegebenheiten,** verursacht ist.
- Die „Seelenlehre" kann Aufschluss über die Motivation des Täters geben. Verbrechen ist das Ergebnis der individuellen Entwicklung. Das gesamte Spektrum menschlichen Verhaltens ist in allen Menschen gleichermaßen angelegt („unveränderliche[] Struktur der menschlichen Seele"). In welche Richtung sich der Mensch entwickelt, hängt von äußeren Bedingungen ab.
- Verbrechen ist daher nicht vom Standpunkt „stolzer", also verständnisloser Tugend zu beurteilen. Die **Erforschung der Ursache** entzieht der starren Einteilung der Menschen in tugendhafte und lasterhafte den Boden.
- Nur indem die Gesellschaft Verbrecher zu verstehen versucht, können diese wieder in die Gesellschaft integriert werden, kann „die Aussöhnung des Gesetzes mit seinem Beleidiger" stattfinden. Eine „gefallene Tugend" muss durch die Gesellschaft aufgefangen werden.

8

Analysieren Sie die Genieauffassung des jungen Goethe anhand seiner Schrift „Zum Shakespeares-Tag".

AFB III

M1 **Johann Wolfgang von Goethe: „Zum Shakespeares-Tag" (1771); Auszug**

[...] Ich zweifelte keinen Augenblick, dem regelmäßigen Theater zu entsagen. Es schien mir die Einheit des Orts so kerkermäßig ängstlich, die Einheiten der Handlung und der Zeit lästige Fesseln unsrer Einbildungskraft. Ich sprang in die freie Luft und fühlte erst, dass ich Hände und Füße hatte. Und jetzo, da ich sahe, wie viel Unrecht mir die Herrn der Regeln in ihrem Loch angetan haben, wie viel freie Seelen noch drinne sich krümmen, so wäre mir mein Herz geborsten, wenn ich ihnen nicht Fehde angekündigt hätte und nicht täglich suchte, ihre Türne zusammenzuschlagen. [...]
Shakespeares Theater ist ein schöner Raritätenkasten, in dem die Geschichte der Welt vor unsern Augen an dem unsichtbaren Faden der Zeit vorbeiwallt. Seine Plane sind, nach dem gemeinen Stil zu reden, keine Plane, aber seine Stücke drehen sich alle um den geheimen Punkt (den noch kein Philosoph gesehen und bestimmt hat), in dem das Eigentümliche unsres Ichs, die prätendierte Freiheit unsres Wollens, mit dem notwendigen Gang des Ganzen zusammenstößt. [...]

In der Rede formuliert Goethe anhand von Shakespeare und seinen Werken den Geniebegriff und das Selbstbewusstsein des Sturm und Drangs.

Shakespeares Genie

- Absage an das regelmäßige Theater: Goethe wendet sich gegen die aufklärerische Auffassung von Dichtung als Vergnügen und Belehren ebenso wie gegen die normative Poetik des Barock und der französischen Klassik, die auf die Einheit von Ort, Zeit und Handlung pochten.
- Shakespeares Stücke sind dagegen nicht regelhaft („keine Plane"). Darin sieht Goethe den Ausdruck von Shakespeares genialer Schöpferkraft.

Die Genialität von Shakespeares Stücken

Die Größe der Stücke Shakespeares erkennt Goethe darin, dass sie den „geheimen Punkt" gestalten, „in dem das Eigentümliche unsres Ichs, die prätendierte Freiheit unsres Wollens, mit dem notwendigen Gang des Ganzen zusammenstößt", ein Konflikt zwischen dem auf seine Unabhängigkeit, Freiheit und Entfaltung seines Wesens bedachten Individuum und dem notwendigen Gang der Geschichte sowie der Gesellschaft, die von allgemeinen Regeln, überindividuellen Gesetzen und Pflichten geprägt ist.

9

Interpretieren Sie Ludwig Höltys Gedicht „Das Landleben" hinsichtlich der dargestellten Natur.

AFB III

M1 Ludwig Hölty: „Das Landleben" (1775); Auszug

Wunderseliger Mann, welcher der Stadt entfloh!
  Jedes Säuseln des Baums, jedes Geräusch des Bachs,
Jeder blinkende Kiesel
  Predigt Tugend und Weisheit ihm!

Jedes Schattengesträuch ist ihm ein heiliger
  Tempel, wo ihm sein Gott näher vorüberwallt;
Jeder Rasen ein Altar,
  Wo er vor Erhabnen kniet.

Seine Nachtigall tönt Schlummer herab auf ihn,
  Seine Nachtigall weckt flötend ihn wieder auf,
Wenn das liebliche Frührot
  Durch die Bäum auf sein Bette scheint.

[...]

Einsam wandelt er oft, Sterbegedanken voll,
  Durch die Gräber des Dorfs, setzet sich auf ein Grab
Und beschauet die Kreuze
  Und den wehenden Totenkranz.

Wunderseliger Mann, welcher der Stadt entfloh!
  Engel segneten ihn, als er geboren ward;
Streuten Blumen des Himmels
  Auf die Wiege des Knaben aus.

Der Gegensatz Natur – Kultur

Die naturlyrische Ode ist von dem Gegensatz Natur – Kultur geprägt. Der Gegensatz wird bereits im ersten Vers thematisiert und im ersten Vers der letzten Strophe wortgleich noch einmal aufgegriffen. Dadurch ergibt sich eine thematische Klammer.

- Der erste Vers beschreibt die Flucht des „Mannes" aus der Stadt in die Natur. Das Verb „entfliehen" verdeutlicht, dass es sich beim Verlassen der Stadt und dem Aufenthalt in der Natur um Glück handelt. Das wird durch das Ausrufezeichen noch unterstrichen.

9

Fortsetzung: Interpretieren Sie Ludwig Höltys Gedicht „Das Landleben" hinsichtlich der dargestellten Natur.

AFB III

- Die Natur bietet dem Menschen Erfahrungen, die er in der Zivilisation (der Stadt) nicht machen kann. In der Natur (Baum, Bach, Kiesel, Strauch, Rasen) findet er „Tugend", „Weisheit" und eine unmittelbare Gotteserfahrung.
- In dem Gegensatz Natur – Kultur zeigt sich der Einfluss der Schriften **Jean-Jacques Rousseaus.** Nach Rousseau ist alles von der Natur Kommende gut. Auch der Mensch ist von Natur aus gut. Die Kultur, die Zivilisation und die Gesellschaft entfernen den Menschen von dem ursprünglichen Naturzustand und verderben ihn.
- Die dritte Strophe beschreibt den Menschen als ein Naturwesen, dessen Lebensrhythmus in den Rhythmus der Natur eingebettet ist.
- Zu diesem Lebensrhythmus zählt auch der Tod, der in der vierten Strophe anklingt. Die Grabstätte übt eine Anziehungskraft aus, die in dem Mann eine melancholische Stimmung auslöst. Der Tod wird als zum Leben gehörend verstanden und aus diesem Grund nicht mit Schrecken und Angst verbunden.

Das Gedicht beschreibt die selbst gewählte **Distanz von der Gesellschaft** als eine beglückende, wenn nicht gar ideale Daseinsform. Das Leben, das von **Naturnähe** und **Bedürfnislosigkeit** geprägt ist, steht im Gegensatz zu dem Leben, das den herrschenden gesellschaftlichen Wertvorstellungen verpflichtet ist.

KAPITEL 6

Weimarer Klassik

Alle Fragen im Überblick

AFB I

1 **Skizzieren Sie** die Begriffe „Klassik“ und „klassisch“.

2 **Geben Sie wieder,** worin Wieland die „Bestimmung“ der Dichtkunst sieht.

AFB II

3 **Zeigen Sie,** inwiefern Goethes und Schillers Lyrik beispielhaft für die Weimarer Klassik ist, und **nennen Sie Beispiele.**

4 **Erläutern Sie** das Verhältnis von Kunst und Natur in Goethes „Maximen und Reflexionen.“

5 **Erörtern Sie,** inwiefern es berechtigt ist, den Beginn der literarischen Epoche der Klassik in Deutschland mit Goethes italienischer Reise anzusetzen.

6 **Arbeiten Sie heraus,** welche Aufschlüsse Goethes Text „Literarischer Sansculottismus“ über sein Klassikverständnis gibt

7 **Untersuchen Sie** anhand von Schillers „Maria Stuart“ die Zielsetzungen des Ideendramas.

AFB III

8 **Fassen Sie zusammen,** welche persönlichen Erfahrungen Goethes in „Wandrers Nachtlied“ zum Ausdruck kommen, und **interpretieren Sie** das Gedicht.

9 **Analysieren Sie** den politischen Gehalt des Gedichts „Die Bürgschaft“ von Friedrich Schiller exemplarisch anhand der ersten drei Strophen.

10 **Interpretieren Sie** anhand des vorliegenden Textauszugs aus Goethes Roman „Wilhelm Meisters Lehrjahre“ das klassische Bildungsideal.

11 **Diskutieren Sie,** inwiefern Goethes Schauspiel „Iphigenie auf Tauris“ als ein epochentypisches Drama der Weimarer Klassik bewertet werden kann.

1

Skizzieren Sie die Begriffe „Klassik" und „klassisch".

AFB I

Die Begriffe „Klassik" und „klassisch" haben mehrere Bedeutungen.

- Mit dem lateinischen Wort **„classicus"** wurde ursprünglich ein römischer Bürger bezeichnet, der zur höchsten Vermögens- oder Steuerklasse gehörte.
- Im 2. Jahrhundert findet sich die Bezeichnung **„scriptor classicus"** für einen Schriftsteller von höchster Bedeutung.

Der Begriff „Klassik"

- Seit die Renaissance die antike Kultur als Vorbild wiederbelebt hat, bezieht sich der Begriff „Klassik" auf die Kunst und Literatur des **griechisch-römischen Altertums.** Noch heute werden die Sprachen Griechisch und Latein als „klassische" Sprachen bezeichnet.
- Später wurde der Begriff erweitert auf kulturelle Höchstleistungen eines Volkes oder auf Epochen, die über ihre Zeit hinaus Maßstäbe setzten, wie z. B. die **Renaissance** in Italien, der **Klassizismus** in Frankreich oder das Elisabethanische Zeitalter in England.
- In Deutschland bezieht sich der Begriff „Klassik" auf die **Weimarer Klassik** (1786–1805). Es ist die literaturgeschichtliche Epoche zwischen dem Sturm und Drang und der Romantik, die maßgeblich von Johann Wolfgang von Goethe und Friedrich Schiller geprägt wurde. Sie begann mit Goethes Italienreise, erreichte ihren Höhepunkt in dem Jahrzehnt der Zusammenarbeit der beiden in Weimar und endete mit Schillers Tod im Jahre 1805.

Der Begriff „klassisch"

- Der Begriff **„klassisch"** bezieht sich heute sowohl auf antike Künstler und Werke als auch auf neuzeitliche Künstler und Werke, die erstklassig sind und den antiken gleichgestellt werden.
- Außerdem werden als „klassisch" solche Kunstwerke bezeichnet, die als ausgewogen in Form und Inhalt, harmonisch, vollendet und zeitlos angesehen werden.

2

AFB I

Geben Sie wieder, worin Wieland die „Bestimmung" der Dichtkunst sieht.

M1 **Christoph Martin Wieland: „Aufsätze zu Literatur und Politik" (1773); Auszug**

Der Dichtkunst wahre Bestimmung ist die Verschönerung und Veredlung der menschlichen Natur; und wenn sie auf diesen großen Zweck in Vereinigung mit der Philosophie und mit ihren andern Schwesterkünsten, den bildenden sowohl als den musikalischen, arbeitete, wer kann die Grenzen des wohltätigen Einflusses ziehen, den sie auf die menschliche Gesellschaft haben könnte? Aber damit sie diesen Zweck erreiche, muss sie sich über die bloße Nachahmung der individuellen Natur, über die engen Begriffe einzelner Gesellschaften, über die unvollkommnen Modelle einzelner Kunstwerke erheben, aus den gesammelten Zügen des über die ganze Natur ausgegossenen Schönen sich ideale Formen bilden und aus diesen die Urbilder zusammensetzen, nach denen sie arbeitet.

Was ist die Bestimmung der Dichtkunst?

- Die Dichtkunst soll die menschliche Natur verschönern und veredeln.
- Sie soll einen „wohltätigen Einfluss[]" auf die menschliche Gesellschaft ausüben.

Bedeutung: Wieland wendet sich ab von Dichtungstheorien, die auf Erzeugung oder Reinigung von Affekten (Aufklärung) oder auf den individuellen Ausdruck von Empfindungen (Sturm und Drang) zielen. Die Dichtkunst nach Wielands Definition richtet sich auf die menschliche Natur, das Allgemeinmenschliche. In der „Schönheit" verbindet sich die konkrete sinnliche Form mit dem Objektiven und Allgemeinen. Obwohl Wieland vom „Zweck" der Dichtung spricht, haben die Literatur und die Kunst nach klassischem Verständnis keine bestimmte Wirkungsabsicht.

Wie erreicht die Dichtkunst diese Bestimmung?

- Die Dichtkunst muss sich über die bloße Nachahmung der individuellen Natur, über enge Begriffe und unvollkommene Kunstwerke erheben.
- Sie muss ideale Formen (Urbilder) in der Natur finden, die sie darstellt.

Bedeutung: Die bloße Nachahmung der Wirklichkeit ist eine Einengung der Kunst. Die Kunst sucht nach den inneren Gesetzmäßigkeiten der Natur und macht sie sichtbar.

3

Zeigen Sie, inwiefern Goethes und Schillers Lyrik beispielhaft für die Weimarer Klassik ist, und nennen Sie Beispiele.

AFB II

Allgemeine Merkmale der Lyrik

Die Lyrik der Weimarer Klassik lehnt sich häufig an antike Muster an. Formal und inhaltlich ist sie gekennzeichnet durch:

- Eine klare, ausgeglichene Sprache
- Antike Formen wie Ode oder Hymne
- Antike Metren oder freie Rhythmen
- Philosophische Themen (Gedankenlyrik)

Gedankenlyrik

Im Gegensatz zur Erlebnislyrik gestaltet die Gedankenlyrik (Ideenlyrik, philosophische Lyrik) weltanschauliche oder philosophische Themen.

Goethes und Schillers Lyrik

Goethes und Schillers klassische Lyrik ist vor allem von der Darstellung des Idealtypischen (Goethe) bzw. philosophischer Gedanken (Schiller) geprägt.

	Goethes Lyrik	Schillers Lyrik
Themen	Natur, Liebe; im subjektiv Erfassten wird Allgemeingültiges zum Ausdruck gebracht.	Mensch und Kultur Gott und Welt Ideal und Wirklichkeit
Werke	„Römische Elegien“, „Grenzen der Menschheit“	„Die Götter Griechenlands“, „Die Künstler“, „Das Ideal und das Leben“
Gemeinsames Werk	„Xenien“: 926 polemische Epigramme mit Literatur- und Zeitkritik	

Das Balladenjahr 1797

Mit der volkstümlichen Form der Ballade wollten Goethe („Der Zauberlehrling“) und Schiller („Die Bürgschaft“) ihr idealistisches Kunstverständnis volkstümlich vermitteln. In der **Ideenballade** wird das Individuelle zur überzeitlichen „idealischen Allgemeinheit“ (Schiller) und zu einer „reineren Form“ (Goethe) geführt.

4

AFB II

Erläutern Sie das Verhältnis von Kunst und Natur in Goethes „Maximen und Reflexionen".

M1 **Johann Wolfgang von Goethe: „Maximen und Reflexionen" (1808); Auszug**

Das Schöne ist eine Manifestation geheimer Naturgesetze, die uns ohne dessen Erscheinung ewig wären verborgen geblieben. (719)

Wem die Natur ihr offenbares Geheimnis zu enthüllen anfängt, der empfindet eine unwiderstehliche Sehnsucht nach ihrer würdigsten Auslegerin, der Kunst. (720)

Die Schönheit: jede milde hohe Übereinstimmung alles dessen, was unmittelbar, ohne Überlegen und Nachdenken zu erfordern, gefällt. (721)

Die höchste Absicht der Kunst ist, menschliche Formen zu zeigen, so *sinnlich* bedeutend und so schön, als es möglich ist. (736)

Vollkommenheit ist schon da, wenn das Notwendige geleistet wird, Schönheit, wenn das Notwendige geleistet, doch verborgen ist. (742)

Das *Was* des Kunstwerks interessiert die Menschen mehr als das *Wie;* jenes können sie einzeln ergreifen, dieses im Ganzen nicht fassen. Daher kommt das Herausheben von Stellen, wobei zuletzt, wenn man wohl aufmerkt, die Wirkung der Totalität auch nicht ausbleibt, aber jedem unbewusst. (756)

Kunstbegriff und Naturerfahrung

Die Aphorismen aus Goethes Sammlung „Maximen und Reflexionen" zeigen, wie sich Goethes Kunstbegriff an seiner Naturerfahrung entwickelt.

Goethe geht davon aus, dass sich in der **Natur** eine ewige Wahrheit und unumstößliche Gesetzlichkeit verbirgt. Diese innere Notwendigkeit der Dinge ist in der Schönheit sinnlich erfahrbar. Schönheit ist also ewige Wahrheit in sinnlicher Form.

Die **Schönheit** drängt sich nicht auf, sie zeigt das Notwendige und Vollkommene „verborgen" (unfassbar) in einer anmutigen Form und gefällt „unmittelbar". Sie spricht also den ganzen Menschen an, nicht nur die Vernunft („Überlegen", „Nachdenken"), sondern auch das Gefühl.

Die **Kunst** ist insofern „Auslegerin" der Natur, als sie ebenfalls in sinnlicher Form die ewige Wahrheit der geheimen Naturgesetze zur Anschauung bringt. Kunst wird so zur zweiten Natur. Doch sie ahmt die Natur nicht ein-

4

Fortsetzung: Erläutern Sie das Verhältnis von Kunst und Natur in Goethes „Maximen und Reflexionen".

AFB II

fach nach, sondern schafft sie auf einer höheren Stufe neu, sie gestaltet das Allgemeingültige und Wesenhafte der Dinge nach, das in der Wirklichkeit nie so vollkommen und rein entwickelt ist.

Der **Mensch** steht im Mittelpunkt des Kunstschaffens. Nicht jedoch der Mensch in seiner Individualität und Subjektivität. Die klassische Kunst geht darüber hinaus. Goethe spricht im Plural von den „menschliche(n) Formen". Ihm geht es also um das Allgemeinmenschliche.

Goethes **Kunstbegriff** wendet sich von allem Individuellen, Zufälligen und Willkürlichen ab und richtet sich auf das Gegenteil: das Notwendige, Wesenhafte und Allgemeine, das er in dem Innersten der Natur findet. Die Kunst enthüllt eine tiefere Wahrheit des Lebens.

Das **Kunstwerk** kann auf zweierlei Weise rezipiert werden. Gewöhnlich bekommt der Inhalt („das *Was*") aus der Sicht des Rezipienten mehr Gewicht als die Form („das *Wie*"). Der Inhalt ist „interessant" und leicht zu verstehen, da man ihn „einzeln" und mithilfe des Verstandes erfassen kann. Dennoch ist die Form des Kunstwerks notwendig, da der Mensch die vollkommene Verbindung von Form und Inhalt („Totalität") auf unbewusster Ebene wahrnimmt. Die Form ist notwendig, um den Menschen in seiner Ganzheit (Verstand und Gefühl) anzusprechen.

5

AFB II

Erörtern Sie, inwiefern es berechtigt ist, den Beginn der literarischen Epoche der Klassik in Deutschland mit Goethes italienischer Reise anzusetzen.

Goethes Italienreise zwischen September 1786 und Juni 1788 bildet das Fundament für die spätere Kunstauffassung der Weimarer Klassik. Zu den wichtigsten Erfahrungen zählen seine Naturbeobachtungen sowie die Begegnung mit der antiken Kunst.

Italien als Ziel seiner Flucht aus Weimar

Goethes erstes Jahrzehnt in Weimar (1775–86) war geprägt von

- seiner unerfüllten Liebe zu Frau von Stein,
- der ihn enttäuschenden politischen Stellung und
- dem Rückgang seiner literarischen Produktivität.

Goethe flieht jedoch nicht nur aus der Enge Weimars, sondern versucht auch einer inneren Rastlosigkeit und Unruhe sowie dem Gefühl einer verlorenen Ganzheit zu entkommen, das nach der Erfahrung von etwas absolut Gültigem verlangt.

Naturbeobachtungen

Goethe beschäftigt sich in Italien intensiv mit der Natur. Seine naturwissenschaftlichen Studien sind auf die Suche nach der „wesentlichen Form" („Urpflanze") gerichtet, ein Muster, auf das alle Erscheinungen in der Pflanzenwelt zurückgeführt werden können. Der Gedanke, dass im Besonderen (der Naturerscheinungen) das Allgemeine (Wesenhafte, Objektive) angeschaut werden kann, steht im Zentrum der klassischen Kunsttheorie.

Begegnung mit der Kunst

Goethe begegnet in Italien sowohl der Kunst der klassischen Antike als auch der Kunst der Renaissance. An beiden entwickelt er seine klassische Kunstanschauung.

- An den antiken Bildhauerwerken bewundert er, dass sie in den individuellen Formen die menschliche Natur rein und wahr zum Ausdruck bringen. In ihnen kommt das Allgemeine in der besonderen Form zur Anschauung.
- Die Kunst der Renaissance (v. a. Palladios Architektur und Raffaels Malerei), die ja die antike Kunst als Vorbild wiederbelebt hat, wird für Goethe zum Inbegriff der Harmonie und Freiheit von subjektiver Färbung, was der klassische Goethe als Hauptmerkmal der Kunst ansieht.

6

Arbeiten Sie heraus, welche Aufschlüsse Goethes Text „Literarischer Sansculottismus" über sein Klassikverständnis gibt.

AFB II

M1 **Johann Wolfgang von Goethe: „Literarischer Sansculottismus" (1795); Auszug**

[...] Wir sind überzeugt, dass kein deutscher Autor sich selbst für klassisch hält und dass die Forderungen eines jeden an sich selbst strenger sind als die verworrnen Prätensionen eines Thersiten, der gegen eine ehrwürdige Gesellschaft aufsteht, die keineswegs verlangt, dass man ihre Bemühungen unbedingt bewunderte, die aber erwarten kann, dass man sie zu schätzen wisse. [...]

Wer mit den Worten, deren er sich im Sprechen oder Schreiben bedient, bestimmte Begriffe zu verbinden für eine unerlässliche Pflicht hält, wird die Ausdrücke: *klassischer Autor, klassisches Werk* höchst selten gebrauchen. Wann und wo entsteht ein klassischer Nationalautor? Wenn er in der Geschichte seiner Nation große Begebenheiten und ihre Folgen in einer glücklichen und bedeutenden Einheit vorfindet; wenn er in den Gesinnungen seiner Landsleute Größe, in ihren Empfindungen Tiefe und in ihren Handlungen Stärke und Konsequenz nicht vermisst; wenn er selbst, vom Nationalgeiste durchdrungen, durch ein einwohnendes Genie sich fähig fühlt, mit dem Vergangnen wie mit dem Gegenwärtigen zu sympathisieren; wenn er seine Nation auf einem hohen Grade der Kultur findet, sodass ihm seine eigene Bildung leicht wird; wenn er viele Materialien gesammelt, vollkommene oder unvollkommene Versuche seiner Vorgänger vor sich sieht und so viel äußere und innere Umstände zusammentreffen, dass er kein schweres Lehrgeld zu zahlen braucht, dass er in den besten Jahren seines Lebens ein großes Werk zu übersehen, zu ordnen und *in einem* Sinne auszuführen fähig ist.

In dem Aufsatz „Literarischer Sansculottismus" formuliert Goethe die **Voraussetzungen, unter denen „klassische Nationalliteratur" entstehen kann.**

- Bei der Entstehung klassischer Literatur spielt nicht nur die Person des Autors, sondern auch die äußeren Umstände eine Rolle. Die „große[n] Begebenheiten und ihre Folgen", die der Autor in der **Geschichte** seiner Nation vorfindet, halten das Material für seine Werke bereit. Nur mit diesem Material kann Nationalliteratur entstehen.
- Auch das **Publikum** muss bereit sein, klassische Werke aufzunehmen. Ohne Größe, tiefe Empfindungen und Tatkraft fallen die Werke nicht auf fruchtbaren Boden. Die Bildung des Nationalautors muss mit der Kulturstufe, auf der die Nation steht, korrespondieren.
- Der **Autor** selbst muss vom „Nationalgeist" durchdrungen sein, d. h., sein Genie muss in der Lage sein, sich in die Geschichte hineinzuversetzen und sie darzustellen.

6

AFB II

Fortsetzung: Arbeiten Sie heraus, welche Aufschlüsse Goethes Text „Literarischer Sansculottismus" über sein Klassikverständnis gibt.

■ Das **Werk** besteht nicht nur aus dem Material, das der Autor sammelt und mithilfe seines Genies bearbeitet. Es finden auch die „vollkommene[n] oder unvollkommene[n] Versuche seiner Vorgänger" Eingang, an denen er gleichsam mit seinem Werk weiterschreibt bzw. sie weiterdenkt. Das Werk ist geordnet und in „einem Sinne" ausgeführt, d. h., es besteht eine Harmonie zwischen Form und Inhalt.

Goethes Bewertung

Dass Goethe die Voraussetzungen für eine klassische Nationalliteratur in Deutschland nicht gegeben sieht, zeigt der Titel des Aufsatzes.

Sansculottes

„Sansculottes" nannte man in der Französischen Revolution die Arbeiter und Kleinbürger, die im Gegensatz zu Adel und Klerus keine Kniehosen *(culottes)* trugen, sondern lange Arbeitshosen.

Der Begriff „Sansculottes" wird im Titel negativ gebraucht und bringt zum Ausdruck, dass klassische Literatur mit hohen Ansprüchen in einem ungebildeten, kleinbürgerlichen (frühproletarischen) Umfeld nicht gedeihen kann.

7

Untersuchen Sie anhand von Schillers „Maria Stuart" die Zielsetzungen des Ideendramas.

AFB II

Schillers Trauerspiel „Maria Stuart" verarbeitet einen Stoff aus der englisch-schottischen Geschichte des 16. Jahrhunderts. Schiller löst jedoch die beiden Protagonistinnen, die schottische Königin Maria Stuart und die englische Königin Elisabeth, aus dem historischen Hintergrund heraus und macht sie zu **Trägerinnen von Ideen.**

Ideendrama

Im Ideendrama sind Handlung, Charaktere, Stoff und Sprache nicht an der Wirklichkeit orientiert, sondern auf einen übergeordneten Leitgedanken (Idee) bezogen, der **Allgemeingültigkeit** beanspruchen kann.

Die Begegnung der beiden Königinnen (3. Aufzug, 4. Auftritt) steht im Zentrum des Dramas. Historisch hat diese Begegnung nicht stattgefunden. Schiller lässt in der fiktiven Szene die Ideen, für die die Protagonistinnen stehen, aufeinandertreffen.

Maria Stuart

- Während der Begegnung mit Elisabeth erscheint **Maria,** obwohl politisch unterlegen, als menschlich Überlegene. Sie hofft anfangs auf Begnadigung, erkennt jedoch, dass das politisch zu Unrecht ausgesprochene Todesurteil sie die Mitschuld an der Ermordung ihres Gatten sühnen lässt.
- Sie durchläuft eine Entwicklung von einer Frau, die ihren Leidenschaften nachgibt, zu einer **moralisch geläuterten** Persönlichkeit. Obwohl sie unter einem physischen Zwang steht, nimmt sie ihr Schicksal **selbstbestimmt** an und wird somit zur **Trägerin der Freiheitsidee.** Indem sie ihre Individualität überwindet und aus Neigung und Selbstbestimmtheit ihre (moralische) Pflicht erfüllt, wird sie zum Inbegriff der **„schönen Seele".**

Elisabeth

- Elisabeth unterliegt dem Zwang ihrer Rolle, die sie als Königin auszufüllen hat. Ihre Entwicklung verläuft vom Höhepunkt der Macht zur Vereinsamung.
- Obwohl sie politisch über Maria triumphiert, ist sie der Rivalin moralisch unterlegen, da sie Maria für etwas sterben lässt, das sie nicht begangen hat.

8

AFB III

Fassen Sie zusammen, welche persönlichen Erfahrungen Goethes in „Wandrers Nachtlied“ zum Ausdruck kommen, und interpretieren Sie das Gedicht.

M1 **Johann Wolfgang von Goethe: „Wandrers Nachtlied“ (1776)**

Der du von dem Himmel bist,
Alles Leid und Schmerzen stillest,
Den, der doppelt elend ist,
Doppelt mit Erquickung füllest,
Ach, ich bin des Treibens müde,
Was soll all der Schmerz und Lust?
Süßer Friede,
Komm, ach komm in meine Brust!

Biografischer Hintergrund

- „Wandrers Nachtlied“ entstand 1776, ein Jahr nach der Übersiedlung nach Weimar und kurz nach dem Beginn der Liebesbeziehung zu Frau von Stein.
- Der 27-jährige Goethe bekleidete ab 1775 am Weimarer Hof Verwaltungsaufgaben, die ihm Maßhalten und Selbstzucht abverlangten.

Interpretation

- Das Gedicht beginnt wie ein Gebet (Anklang an „Vater unser“), das am Abend („Nachtlied“) gesprochen wird. Der Angesprochene befindet sich über dem Irdischen, geht darüber hinaus.
- Der „Wandrer“ des Titels bringt ein Ich ins Bild, das unbehaust durchs Leben geht und nach einem Ziel sucht.
- Die Erfahrung des irdischen Lebens ist geprägt von einer Wechselhaftigkeit („Schmerz und Lust“). Das lyrische Ich sehnt sich nach Ruhe, Frieden und Erlösung von einer Seelenqual. Der Wechsel der Gefühle soll überwunden (gestillt) werden durch eine höhere Erfahrung.
- In Zeile 2 bis 5 kommen der Überdruss und das Leiden an dem Irdischen durch rhetorische Mittel wie Interjektionen, rhetorische Fragen, Hendiadyoin („Leid und Schmerz“) zum Ausdruck. Das Ich will aus den subjektiven Gefühlsschranken ausbrechen und sucht nach einer Erfahrung, die über dem Wechselhaften und Bedingten des irdischen Lebens steht („Himmel“).
- Das Ich formuliert unmittelbar seine Befindlichkeit und sein Leiden an der Welt und erhält unmittelbare Erfüllung durch die Erfahrung einer anderen Wirklichkeit („Süßer Friede, / Komm, ach komm in meine Brust!“).

9

Analysieren Sie den politischen Gehalt des Gedichts „Die Bürgschaft" von Friedrich Schiller exemplarisch anhand der ersten drei Strophen.

AFB III

M1 **Friedrich Schiller: „Die Bürgschaft" (1798); Auszug**

Zu Dionys dem Tyrannen schlich
Damon, den Dolch im Gewande,
Ihn schlugen die Häscher in Bande.
„Was wolltest du mit dem Dolche, sprich!"
Entgegnet ihm finster der Wüterich.
„Die Stadt vom Tyrannen befreien!"
„Das sollst du am Kreuze bereuen."

„Ich bin", spricht jener, „zu sterben bereit,
Und bitte nicht um mein Leben,
Doch willst du Gnade mir geben,
Ich flehe dich um drei Tage Zeit,
Bis ich die Schwester dem Gatten gefreit,
Ich lasse den Freund dir als Bürgen,
Ihn magst du, entrinn ich, erwürgen."

Da lächelt der König mit arger List,
Und spricht nach kurzem Bedenken:
„Drei Tage will ich dir schenken.
Doch wisse! Wenn sie verstrichen die Frist,
Eh du zurück mir gegeben bist,
So muss er statt deiner erblassen,
Doch dir ist die Strafe erlassen."

Der politische Gehalt der Ballade wird v. a. aus der **Charakteristik der Figuren** ersichtlich.

- **Damon** ist kein hinterhältiger Meuchelmörder, sondern ein Idealist, der in dem Mord an dem Tyrannen die einzige Möglichkeit sieht, politische Freiheit zu erlangen. Er versucht nicht, sich seiner Verantwortung zu entziehen, sondern akzeptiert das Todesurteil des Tyrannen.
- Schiller betont die Bösartigkeit des **Tyrannen** („mit arger List"), der damit rechnet, dass Damon sich davonstehlen wird. Die Willkür seiner Herrschaft, die den Mord an ihm rechtfertigt, zeigt sich darin, dass er den unschuldigen Bürgen für ein Verbrechen, das er nicht begangen hat, töten lassen will.
- Am Ende wird jedoch klar, dass nicht das gescheiterte Attentat die Tyrannei besiegt hat, sondern der hohe Wert der Treue, den Dionysos anerkennt.

10

Interpretieren Sie anhand des vorliegenden Textauszugs aus Goethes Roman „Wilhelm Meisters Lehrjahre" das klassische Bildungsideal.

AFB III

M1 **Johann Wolfgang von Goethe: „Wilhelm Meisters Lehrjahre" (1795/96), Fünftes Buch, Drittes Kapitel; Auszug**

Dass ich Dir's mit *einem* Worte sage: mich selbst, ganz wie ich da bin, auszubilden, das war dunkel von Jugend auf mein Wunsch und meine Absicht. [...]

Ich weiß nicht, wie es in fremden Ländern ist, aber in Deutschland ist nur dem Edelmann eine gewisse allgemeine, wenn ich sagen darf, personelle Ausbildung möglich. Ein Bürger kann sich Verdienst erwerben und zur höchsten Not seinen Geist ausbilden; seine Persönlichkeit geht aber verloren, er mag sich stellen, wie er will. [...]

Wenn der Edelmann im gemeinen Leben gar keine Grenzen kennt, wenn man aus ihm Könige oder königähnliche Figuren erschaffen kann, so darf er überall mit einem stillen Bewusstsein vor seinesgleichen treten; er darf überall vorwärtsdringen, anstatt dass dem Bürger nichts besser ansteht, als das reine, stille Gefühl der Grenzlinie, die ihm gezogen ist. Er darf nicht fragen: „Was bist du?", sondern nur: „Was hast du? Welche Einsicht, welche Kenntnis, welche Fähigkeit, wie viel Vermögen?" Wenn der Edelmann durch die Darstellung seiner Person alles gibt, so gibt der Bürger durch seine Persönlichkeit nichts und soll nichts geben. Jener darf und soll scheinen; dieser soll nur sein, und was er scheinen will, ist lächerlich oder abgeschmackt. Jener soll tun und wirken, dieser soll leisten und schaffen; er soll einzelne Fähigkeiten ausbilden, um brauchbar zu werden, und es wird schon vorausgesetzt, dass in seinem Wesen keine Harmonie sei noch sein dürfe, weil er, um sich auf *eine* Weise brauchbar zu machen, alles Übrige vernachlässigen muss.

Johann Wolfgang von Goethes „Wilhelm Meister"-Roman schildert in acht Büchern den zehnjährigen Entwicklungsprozess, in dem Wilhelm vom Jüngling zum Mann reift. Der Roman wird aus diesem Grund auch als Bildungsroman bezeichnet.

Bildungsroman

Der Begriff bezeichnet eine im 18. Jahrhundert neu entwickelte Romanform, in der der junge Protagonist durch den Einfluss objektiver Kulturgüter wie Schule, Universität, Literatur, Theater oder Kunst, durch persönliche Erfahrungen und durchlebte Irrtümer und Enttäuschungen seine **Persönlichkeit entwickelt** und seine **geistigen Anlagen ausbildet.**

10

Fortsetzung: Interpretieren Sie anhand des vorliegenden Textauszugs aus Goethes Roman „Wilhelm Meisters Lehrjahre“ das klassische Bildungsideal.

AFB III

Kontext des Textauszugs

Im fünften Buch des „Wilhelm Meister“ befindet sich Wilhelm in einer Krise. Er beschließt nach dem Tod seines Vaters, beim Theater zu bleiben, weil er glaubt, durch das Theater menschliche Vollendung erfahren und zu sich selbst finden zu können. „[...] mich selbst, ganz wie ich da bin, auszubilden, das war dunkel von Jugend auf mein Wunsch und meine Absicht.“ Diese Vollendung kann ihm seiner Auffassung nach die Enge eines bürgerlichen, „brauchbaren“ Lebens nicht bieten.

Brauchbarkeit und Bildung des Individuums

Wilhelm stellt in dem Textauszug Edelmann und Bürger einander gegenüber, um zu verdeutlichen, was er unter der Vollendung versteht.

- Der **Edelmann** kennt keine Grenzen. Er kann seine **Persönlichkeit ausbilden,** wie Wilhelm es sich vorstellt. In diesem Bewusstsein kann er „überall vorwärtsdringen“.
- Der **Bürger** hingegen stößt auf eine Grenze. Die Enge des bürgerlichen Daseins verhindert die gleichmäßige Ausbildung aller Eigenschaften und Fähigkeiten, die im Menschen angelegt sind. Dies jedoch wäre das Ziel im Sinne der Humanität. Der Bürger kann das Ziel nicht erreichen, da er sich ausbilden muss, um „brauchbar zu werden“. Seine Existenz ist – wie Wilhelm in seinem Elternhaus lernen konnte – auf den wirtschaftlichen Nutzen beschränkt. In dem Prozess des **Brauchbarwerdens** vernachlässigt der Bürger „alles Übrige“, er kann nicht alle seine Fähigkeiten zu einer vollendeten harmonischen Persönlichkeit im humanistischen Sinne ausbilden.

11

Diskutieren Sie, inwiefern Goethes Schauspiel „Iphigenie auf Tauris" als ein epochentypisches Drama der Weimarer Klassik bewertet werden kann.

AFB III

Goethe arbeitete mehrere Jahre an dem Iphigenie-Stoff. Die erste Fassung des Schauspiels entstand bereits 1779. Doch erst während seiner Italienreise und nach zwei weiteren Fassungen (1780 und 1781) vollendete er im Jahr 1787 die „Iphigenie auf Tauris". Sie gilt im Hinblick auf Stoff, Form und Aussage als eines der charakteristischen Dramen der Weimarer Klassik.

Form

- Das fünfaktige geschlossene Drama ist streng symmetrisch aufgebaut. Es wahrt die **Einheit von Ort, Zeit und Handlung.** Schauplatz ist der heilige Hain vor Dianas Tempel, die Handlung der wenigen Figuren (Iphigenie, Thoas, Orest, Pylades und Arkas) ist auf die weibliche Hauptfigur der Iphigenie bezogen.
- Im Gegensatz zu der ersten („vorklassischen") Fassung der „Iphigenie", die in rhythmischer Prosa abgefasst war, verwendet Goethe in der Fassung von 1787 den **Blankvers.** Durch den reimlosen, aus Jamben zusammengefügten Vers mit in der Regel fünf Hebungen (Pentameter) entsteht eine gemessene Sprache. Der Blankvers gehört daher zum beliebtesten Vers des klassischen deutschen Dramas.

Stoff

- Als Vorlage diente Goethe das Drama „Iphigenie bei den Taurern" von Euripides (412 v. Chr.). Der Stoff stammt aus dem **griechischen Mythos,** was die Vorliebe der klassischen Autoren auf die griechische Antike zeigt.
- Im Gegensatz zu Euripides verzichtet Goethe auf den Chor. Die Handlung spielt also nicht vor einer kommentierenden Öffentlichkeit, sondern ist in das Innere der Personen verlagert.

Seelendrama

Ein Drama, dessen Handlung sich weniger auf äußere Geschehnisse konzentriert, sondern seelische Bereiche und innere Konflikte offenlegt.

11

Fortsetzung: Diskutieren Sie, inwiefern Goethes Schauspiel „Iphigenie auf Tauris“ als ein epochentypisches Drama der Weimarer Klassik bewertet werden kann.

AFB III

Aussage

Nachdem Iphigenie erfahren hat, dass ihr Bruder Orest und dessen Freund Pylades, die sie retten wollten, gefangen genommen worden sind und gemäß dem Brauch der Taurer der Göttin Diana geopfert werden sollen, stehen ihr zwei Wege zur Wahl:

- die Flucht mithilfe von Lüge und Intrige oder
- das Bekenntnis zur Wahrheit unter Gefährdung des eigenen Lebens und des Lebens ihres Bruders.

Iphigenie entscheidet sich für die **Wahrheit.** Sie vertraut sich König Thoas an und appelliert an seine **Menschlichkeit.** In einem Akt von Humanität schenkt Thoas den Geschwistern und Pylades die **Freiheit.**

Iphigenie gelingt es nicht nur, Thoas und die Taurer Menschlichkeit zu lehren, sondern ihre Humanität durchbricht auch den Fluch, der auf dem Tantaliden-Geschlecht lastet. Orest sieht seine bevorstehende Opferung durch die Schwester als Höhepunkt des Fluchs auf seiner Familie. Indem Iphigenie das Menschenopfer verhindert, kommt es zu einer **Humanisierung des menschlichen Daseins.**

Der Tantaliden-Fluch

In dem Geschlecht der Tantaliden, zu dem Iphigenie und Orest gehören, herrschen Mord, Täuschung und Betrug. Tantalus hatte seinen Sohn Pelops geschlachtet und den Göttern als Speise vorgesetzt. Iphigenie sollte durch ihren Vater Agamemnon geopfert werden, als er in den Krieg nach Troja zog, wurde jedoch von der Göttin Diana auf die Insel Tauris entrückt. Orest hat seine Mutter Klytämnestra getötet, nachdem sie seinen Vater Agamemnon erschlagen hat.

Durch ihr Verhalten verkörpert Iphigenie das **klassische Humanitätsideal.** Mit ihrer freien Entscheidung, sich Thoas anzuvertrauen und sich dem Willen der Götter nicht blind zu unterwerfen, emanzipiert sie sich von jeglicher Tradition und Bevormundung. Die Fähigkeit zur Selbstbestimmung – Erbe der Aufklärung – ist ein zentraler Bestandteil des ästhetischen Bildungsprogramms der Klassik.

KAPITEL 7

Romantik

Alle Fragen im Überblick

AFB I

1 Skizzieren Sie die Kennzeichen und die Phasen der Romantik.

2 Arbeiten Sie anhand des vorliegenden Märchens von den Brüdern Grimm die Merkmale des Volksmärchens heraus.

3 Erläutern Sie kurz die wichtigsten literarischen Formen der Romantik und nennen Sie Beispiele.

7 Erläutern Sie das Motiv des Doppelgängers anhand des Auszugs aus E. T. A. Hoffmanns „Die Elixiere des Teufels".

8 Analysieren Sie das Gedicht „Die eine Klage" von Karoline von Günderode.

9 Beschreiben Sie die Bedeutung des Fantastischen in E. T. A. Hoffmanns Erzählung „Der Sandmann".

AFB II

4 Arbeiten Sie vor dem Hintergrund des Bildes von Caspar David Friedrich zentrale Motive und Symbole der Romantik heraus.

5 Stellen Sie dar, was Friedrich Schlegel unter dem Begriff „progressive Universalpoesie" versteht.

6 Arbeiten Sie aufgrund der vorliegenden Fragmente Novalis' Auffassung von Fragment und Poesie heraus.

AFB III

10 Analysieren Sie den Begriff der Heimat in Joseph von Eichendorffs Novelle „Aus dem Leben eines Taugenichts".

11 Untersuchen Sie die Bedeutung der „blauen Blume" in Novalis' Roman „Heinrich von Ofterdingen".

1

Skizzieren Sie die Kennzeichen und die Phasen der Romantik.

AFB I

Die Romantik (ca. 1790–1830) ist eine Bewegung, die ein neues Leben, eine neue Kunst und eine andere Art des Denkens suchte.

Kennzeichen der Romantik

- Ablehnung des einseitigen Rationalismus der Aufklärung
- Ablehnung gesellschaftlicher Normen und Konventionen
- Eine als Kritik an der Gegenwart gemeinte Naturverehrung und -verklärung, die auf die Vorstellung der Naturphilosophie von der Einheit von Natur und Geist zurückgeht
- Interesse am Irrationalen, Unbewussten (Traum), Fantastischen, Skurrilen, Grotesken, das sich später mit dem Interesse an Wahnsinn und Verbrechen verbindet
- Rückbezug auf die Vergangenheit, v. a. das Mittelalter

Phasen der Romantik	Zentren und Autoren
Frühromantik (ab 1790)	**Jena:** Ludwig Tieck, Novalis, August Wilhelm Schlegel, Friedrich Schlegel
mittlere Romantik (nach 1808)	**Heidelberg:** Clemens Brentano, Achim von Arnim, Jacob und Wilhelm Grimm **Berlin:** E. T. A. Hoffmann Ludwig Tieck
Spätromantik (1820er-Jahre)	**Berlin:** Rahel Varnhagen **Süddeutschland:** Ludwig Uhland, Wilhelm Hauff, Justinus Kerner, Gustav Schwab Joseph von Eichendorff

2

AFB I

Arbeiten Sie anhand des vorliegenden Märchens von den Brüdern Grimm die Merkmale des Volksmärchens heraus.

M1 **Jacob und Wilhelm Grimm: „Die Sterntaler"**

Es war einmal ein kleines Mädchen, dem war Vater und Mutter gestorben, und es war so arm, dass es kein Kämmerchen mehr hatte, darin zu wohnen, und kein Bettchen mehr, darin zu schlafen, und endlich gar nichts mehr als die Kleider auf dem Leib und ein Stückchen Brot in der Hand, das ihm ein mitleidiges Herz geschenkt hatte. Es war aber gut und fromm. Und weil es so von aller Welt verlassen war, ging es im Vertrauen auf den lieben Gott hinaus ins Feld. Da begegnete ihm ein armer Mann, der sprach: „Ach, gib mir etwas zu essen, ich bin so hungerig." Es reichte ihm das ganze Stückchen Brot und sagte: „Gott segne dir's" und ging weiter. Da kam ein Kind, das jammerte und sprach: „Es friert mich so an meinem Kopfe, schenk mir etwas, womit ich ihn bedecken kann." Da tat es seine Mütze ab und gab sie ihm. Und als es noch eine Weile gegangen war, kam wieder ein Kind und hatte kein Leibchen und fror: Da gab es ihm seins; und noch weiter, da bat eins um ein Röcklein, das gab es auch von sich hin. Endlich gelangte es in einen Wald und es war schon dunkel geworden, da kam noch eins und bat um ein Hemdlein und das fromme Mädchen dachte: „Es ist dunkle Nacht, da sieht dich niemand, du kannst wohl dein Hemd weggeben", und zog das Hemd ab und gab es auch noch hin. Und wie es so stand und gar nichts mehr hatte, fielen auf einmal die Sterne vom Himmel und waren lauter harte blanke Taler: Und ob es gleich sein Hemdlein weggegeben, so hatte es ein neues an, und das war vom allerfeinsten Linnen. Da sammelte es sich die Taler hinein und war reich für sein Lebtag.

Wilhelm und Jacob Grimm sammelten mündlich überlieferte Märchen („Volksmärchen") und veröffentlichten sie in der Sammlung „Kinder- und Hausmärchen". Ihre sprachliche Gestaltung der Märchen beeinflusste die Vorstellung einer „Märchensprache" („Märchenton"), die folgende Kennzeichen aufweist:

- **Einfache Sprache,** die Parataxe überwiegt
- Ungrammatische Wendungen („dem war Vater und Mutter gestorben")
- Einfacher Textaufbau, der für alle Leserschichten leicht nachvollziehbar ist (z. B. wird die Abfolge der Ereignisse durch ein „da" gekennzeichnet)
- Mangelnde sprachliche Variationen durch parallelen Satzbau
- Die Neigung zu **Diminutiven** („Kämmerchen", „Bettchen", „Stückchen")
- **Typisierung** von Personen (ein kleines Mädchen, ein armer Mann)
- **Prüfung** des Protagonisten und anschließende **Belohnung** bzw. Sieg des Guten, Fleißigen, Aufrichtigen am Ende

3

AFB I

Erläutern Sie kurz die wichtigsten literarischen Formen der Romantik und nennen Sie Beispiele.

Literarische Vielfalt

Die Romantik zeigt im Hinblick auf die literarischen Formen eine große Vielfalt. Die Dichter bevorzugten die Gattungen Prosa und Lyrik.

Form	Erläuterung	Beispiel
Künstlerroman	Entwicklungsroman, in dem die Figur des bildenden Künstlers, Schriftstellers oder Musikers im Mittelpunkt steht	Ludwig Tieck, „Franz Sternbalds Wanderungen“, Novalis, „Heinrich von Ofterdingen“
Künstlernovelle	Sie stellt anhand einer charakteristischen Episode die Künstlerproblematik exemplarisch dar.	E. T. A. Hoffmann, „Das Fräulein von Scuderi“
Fragment, Aphorismus	offene literarische Form, um anzuzeigen, dass ein Thema nicht in einem einzigen literarischen Werk abgehandelt werden kann	Friedrich Schlegel, „Athenäums-Fragmente“
Märchen	Die Darstellung des Wunderbaren zeigt den Abstand zwischen der gesellschaftlichen Realität und den vorgestellten ursprünglichen Verhältnissen.	Ludwig Tieck, „Der blonde Eckbert“, Wilhelm Hauff, „Das kalte Herz“, Brüder Grimm, „Kinder- und Hausmärchen“
Gedicht	die bevorzugte Gattung, um Stimmungen auszudrücken; volksliedhafte Formen mit bewusst schlicht gehaltener Sprache und stereotyp wiederkehrenden Naturbildern	Joseph von Eichendorff, „Mondnacht“

4

AFB II

Arbeiten Sie vor dem Hintergrund des Bildes von Caspar David Friedrich zentrale Motive und Symbole der Romantik heraus.

M1

Caspar David Friedrich, Sonnenuntergang, um 1835 *(Quelle: Alexander Burkatovski)*

Caspar David Friedrichs Gemälde „Sonnenuntergang" zeigt Motive und Themen, die das romantische Lebensgefühl und die romantische Welt- und Kunstanschauung prägen.

Gestaltung der inneren Welt

Das Werk des Künstlers ist nicht eine Nachahmung der sichtbaren Wirklichkeit, sondern die Gestaltung der inneren Welt, ein Spiegel menschlicher Empfindungen.

Das Göttliche in der Natur

In der Natur ist das Göttliche erfahrbar. Die Horizontlinie ist in der Dämmerung der anbrechenden Nacht verschwommen. Himmel und Erde gehen ineinander über oder scheinen sich zu vermischen.

4

Fortsetzung: Arbeiten Sie vor dem Hintergrund des Bildes von Caspar David Friedrich zentrale Motive und Symbole der Romantik heraus.

AFB II

Entfremdung

Entfremdung des Menschen von der Natur: Die Menschen sind nicht harmonisch in die Naturszene eingebunden, sondern mit scharfen Konturen von ihrer Umwelt abgegrenzt und heben sich dadurch von der Schönheit der Landschaft ab. Sie sind passive Betrachter und wirken einsam.

Grenzerfahrung

Die Menschen stehen am Meeresufer. Das Ufer bildet die Grenze zwischen dem Irdischen (dem festen Grund, auf dem die Menschen stehen) und dem Unfassbaren (dem Flüssigen, ständig in Bewegung Befindlichen, nicht Definierbaren, nicht in Begriffe zu Fassenden).

Sehnsucht nach dem Unendlichen

Die Menschen richten den Blick in eine scheinbar unendliche Weite. Die Unendlichkeit (der Horizont) ist unerreichbar, dem Menschen bleibt nur die Ahndung.

Die Kunst vermittelt

Die Kunst ist Mittlerin zwischen Gott, der Natur und dem Menschen. Friedrich vereint alle drei in einem Gemälde. Die Menschen sind von hinten dargestellt. Sie dienen als Identifikationsfiguren für den Betrachter des Bildes.

5

AFB II

Stellen Sie dar, was Friedrich Schlegel unter dem Begriff „progressive Universalpoesie" versteht.

M1 **Friedrich Schlegel: „116. Athenäums-Fragment" (1798); Auszug**

Die romantische Poesie ist eine progressive Universalpoesie. Ihre Bestimmung ist nicht bloß, alle getrennte Gattungen der Poesie wieder zu vereinigen und die Poesie mit der Philosophie und Rhetorik in Berührung zu setzen. Sie will, und soll auch Poesie und Prosa, Genialität und Kritik, Kunstpoesie und Naturpoesie bald mischen, bald verschmelzen, die Poesie lebendig und gesellig, und das Leben und die Gesellschaft poetisch machen, den Witz poetisieren, und die Formen der Kunst mit gediegnem Bildungsstoff jeder Art anfüllen und sättigen, und durch die Schwingungen des Humors beseelen. [...]

Das ästhetische Programm wurde in der Frühromantik u. a. von Friedrich Schlegel (1772–1829) erarbeitet. Das 116. Athenäums-Fragment enthält Schlegels Poetik in kürzester Form.

Kennzeichen der progressiven Universalpoesie

- Der Begriff Universalpoesie bezieht sich nicht nur auf die Dichtkunst, sondern auf alle literarischen Gattungen (v. a. den Roman) sowie auf alle möglichen Ausdrucksformen (Literatur, bildende Kunst, Wissenschaft) – vom Meisterwerk bis zum Kindergedicht.
- Sie soll die getrennten Gattungen wieder vereinigen, verbindet also die Vergangenheit (Einheit der Gattungen) mit der Gegenwart (Trennung) und der Zukunft (Ziel: Wiedervereinigung).
- „Progressiv" ist die Poesie, weil sie im Werden ist, weil sie nie abgeschlossen sein kann und darf. Sie entsteht in einem unendlichen Prozess.
- Die „progressive Universalpoesie" umfasst alle Lebensbereiche. Das ganze Leben wird von Poesie durchdrungen und wird so selbst zu Poesie.

6

Arbeiten Sie aufgrund der vorliegenden Fragmente Novalis' Auffassung von Fragment und Poesie heraus.

AFB II

M1 **Novalis: „Fragmente und Studien" (1799/1800); Auszug**

Als Fragment erscheint das Unvollkommne noch am erträglichsten – und also ist diese Form der Mitteilung dem zu empfehlen, der noch nicht im Ganzen fertig ist – und doch einzelne merkwürdige Ansichten zu geben hat.

Der Dichter schließt, wie er den Zug beginnt. Wenn der Philosoph nur alles ordnet, alles stellt, so löst der Dichter alle Bande auf. Seine Worte sind nicht allgemeine Zeichen – Töne sind es – Zauberworte, die schöne Gruppen um sich her bewegen. Wie Kleider der Heiligen noch wunderbare Kräfte behalten, so ist manches Wort durch irgendein herrliches Andenken geheiligt und fast allein schon ein Gedicht geworden. Dem Dichter ist die Sprache nie zu arm, aber immer zu allgemein. Er bedarf oft wiederkehrender, durch den Gebrauch ausgespielter Worte. Seine Welt ist einfach, wie sein Instrument – aber ebenso unerschöpflich an Melodien.

Das Fragment

Das Fragment ist für die Frühromantiker eine wichtige Form, um ihre ästhetischen Gedanken zu formulieren. Für Novalis, aber auch Friedrich Schlegel, hat es folgende Vorzüge:

- Das Fragment gibt „das Unvollkommene", also Vorläufige und Werdende.
- Es spiegelt den Prozess des Denkens wider, gibt keine Wahrheit, sondern die Suche nach Wahrheit.
- Das Fragment gibt Bruchstücke eines Ganzen. Es bezieht sich auf ein Ganzes, das einmal gewesen ist, gleichsam ein Mikrokosmos, der sich auf den Makrokosmos bezieht.
- Fragmente sind Denkschritte, sie weisen auf eine Denkbewegung hin, die sich zeigt, wenn man die Gesamtheit der Fragmente anschaut.
- Das Fragment hat somit den Charakter eines Experiments, das für sich isoliert betrachtet werden kann, aber sich auch gleichzeitig auf eine höhere Wahrheit bezieht.
- Das Fragment stellt den Zusammenhang von Individualität und Universalität her, insofern als sich „einzelne merkwürdige Ansichten" auf das „Ganze[]" bezieht.

6

AFB II

Fortsetzung: Arbeiten Sie aufgrund der vorliegenden Fragmente Novalis' Auffassung von Fragment und Poesie heraus.

Die Sprache der Poesie

Ebenso wie die Fragmente gibt die Poesie nichts Abgeschlossenes wie etwa die Philosophie, die Wissen ordnet. Der Dichter löst alle Bande auf, d. h., er löst das Denken von fest gefügten und überkommenen Vorstellungen und macht es frei für neue Erkenntnisse und Erfahrungen.

- Die Sprache des Dichters benutzt daher nicht die allgemeinen Zeichen, also nicht die Sprache, die Gegenstände der Realität benennt oder ordnet. Seine Sprache sind „Töne" und „Zauberworte".
- „Töne", weil seine Worte unbestimmt sind, nicht konkret benennen bzw. begrifflich zu fassen versuchen und nicht auf etwas Bestimmtes, fest Umrissenes gerichtet sind.
- „Zauberworte", weil sie eine Welt aufschließen, die hinter der Oberfläche der alltäglichen Wirklichkeit liegt. Das ist das Ziel der Poesie.
- Die Poesie entsteht nicht nur in und durch den Dichter, sondern auch im Leser. Er führt den Schaffensprozess des Dichters fort, wenn er „manches Wort" hört, das in ihm „ein Andenken", also Assoziationen wachruft. So wirkt die Poesie im Inneren, im Gemüt, des Lesers weiter, ist nie abgeschlossen (daher unendlich) und nicht auf eine feste Aussage hin zu verstehen.
- Dem Dichter bleibt aber nur die Sprache, die er vorfindet. Daher verwendet er Wörter, die so allgemein sind wie möglich, um bei den Lesern möglichst viele verschiedene Assoziationen hervorrufen zu können und sie nicht durch den Gebrauch spezifischer Wörter festzulegen oder die Gedanken in eine bestimmte Richtung zu lenken.

7

Erläutern Sie das Motiv des Doppelgängers anhand des Auszugs aus E. T. A. Hoffmanns „Die Elixiere des Teufels“.

AFB II

M1 **E. T. A Hoffmann: „Die Elixiere des Teufels“ (1815/16); Auszug**

Die Burgglocke hatte zwölf geschlagen, als sich wieder leise und entfernt das Pochen vernehmen ließ, das mich gestern so verstört hatte. – Ich wollte nicht darauf achten, aber immer lauter pochte es in abgemessenen Schlägen, und dabei fing es wieder an, dazwischen zu lachen und zu ächzen. – Stark auf den Tisch schlagend rief ich laut: „Still, ihr da drunten!“ und glaubte mich so von dem Grauen, das mich befing, zu ermutigen; aber da lachte es gellend und schneidend durch das Gewölbe und stammelte: „Brü-der-lein, Brü-der-lein ... zu dir herauf ... herauf ... ma-mach auf ... mach auf!“ – Nun begann es dicht neben mir im Fußboden zu schaben, zu rasseln und zu kratzen und immer wieder lachte es und ächzte; stärker und immer stärker wurde das Geräusch, das Rasseln, das Kratzen – dazwischen dumpf dröhnende Schläge wie das Fallen schwerer Massen. – Ich war aufgestanden, mit der Lampe in der Hand. Da rührte es sich unter meinem Fuß, ich schritt weiter und sah, wie an der Stelle, wo ich gestanden, sich ein Stein des Pflasters losbröckelte. [...] Vier, fünf Steine lagen zur Seite weggeschleudert, da erhob sich plötzlich ein nackter Mensch bis an die Hüften aus der Tiefe empor und starrte mich gespenstisch an mit des Wahnsinns grinsendem, entsetzlichem Gelächter. Der volle Schein der Lampe fiel auf das Gesicht – ich erkannte mich selbst [...]

„Die Elixiere des Teufels“ weisen Merkmale des romantischen **Schauerromans** auf. Der Mönch Medardus erliegt der Versuchung, ein Elixier zu trinken, wodurch **dunkle Mächte** zum Vorschein kommen und er sich in eine abenteuerliche Irrfahrt aus Verbrechen und sinnlichen Begierden verstrickt. Strukturell ist der Roman von dem **Motiv des Doppelgängers** bestimmt.

- Die Begegnung mit dem Doppelgänger ist „gespenstisch“ und hinterlässt Medardus „verstört“. Sie erregt ein „Grauen“.
- Die Aufspaltung einer Figur in zwei kann als **Verwechsel-** oder **Verwirrspiel** eingesetzt werden. Für den Leser verschwimmt „Realität“ und Einbildung der Romanfigur.
- Der Doppelgänger wird mit „Wahnsinn“ in Verbindung gebracht. Er ist ein Zeichen für die gebrochene Persönlichkeit des Mönchs. E. T. A. Hoffmann hatte Kenntnisse in zeitgenössischer Psychiatrie, die auch die **Ichspaltung** behandelte. Im Doppelgänger manifestieren sich die unbewussten, bösen Seiten des Menschen, die ihn eine kriminelle Tat begehen lassen.
- Die Spaltung in ein gutes und ein böses Ich kann in höchster Steigerung zur **Identitätsauflösung** und zum **Ichverlust** führen.

8

AFB II

Analysieren Sie das Gedicht „Die eine Klage" von Karoline von Günderode.

M1 **Karoline von Günderode: „Die eine Klage"**

Wer die tiefste aller Wunden
Hat in Geist und Sinn empfunden
Bittrer Trennung Schmerz;
Wer geliebt was er verlohren,
Lassen muss was er erkohren,
Das geliebte Herz,

Der versteht in Lust die Thränen
Und der Liebe ewig Sehnen
Eins in Zwei zu sein,
Eins im Andern sich zu finden,
Daß der Zweiheit Gränzen schwinden
Und des Daseins Pein.

Wer so ganz in Herz und Sinnen
Konnt' ein Wesen liebgewinnen
O! den tröstet's nicht
Daß für Freuden, die verlohren,
Neue werden neu gebohren
Jene sind's doch nicht.

Das geliebte, süße Leben,
Dieses Nehmen und dies Geben,
Wort und Sinn und Blick,
Dieses Suchen und dies Finden,
Dieses Denken und Empfinden
Giebt kein Gott zurück.

Karoline von Günderodes Gedicht „Die eine Klage" thematisiert den **Schmerz um eine verlorene Liebe.**

Analyse der Strophen

- In der ersten Strophe wird der **Schmerz der Trennung** thematisiert, ohne jedoch den Grund oder den Anlass für die Trennung näher zu erläutern und ohne zu benennen, was eigentlich verloren wurde.
- Der Schmerz wird sowohl körperlich („Sinn") als auch geistig („Geist") empfunden, bezieht sich also auf den ganzen Menschen.
- Die erste und zweite Strophe sind durch die Konstruktion „Wer" – „der" aufeinander bezogen. Durch diese Verallgemeinerung wird die persönliche Erfahrung ins Allgemeine gehoben.
- Die zweite Strophe beschreibt die **Sehnsucht,** die aus dem tiefen Schmerz erwächst: die Sehnsucht nach Verschmelzung mit dem „Andern", nach Einheit und Ganzheit.
- Die dritte Strophe zeigt, dass der Verlust unwiederbringlich ist und durch nichts getröstet werden kann. Neue Freuden ersetzen nicht die alten.
- Die vierte Strophe hebt das Thema Verlust auf eine allgemeine Ebene. Hier scheint es nicht mehr um ein „Wesen", sondern um das „Leben" an sich zu gehen, das „kein Gott" mehr zurückgibt, wenn es einmal verloren ist.

8

Fortsetzung: Analysieren Sie das Gedicht „Die eine Klage" von Karoline von Günderode.

AFB II

Ein Gefühl der Resignation und Traurigkeit angesichts des unwiederbringlich Verlorenen klingt an. **Was ist verloren?** Das Leben, das geprägt ist von der **Ganzheit des Menschen** („Denken und Empfinden", also Verstand und Gefühl), von **Erfüllung** („Suchen und Finden"), von der **Einheit** von Sprache, Gefühl und Wahrnehmung („Wort und Sinn und Blick"), von der **Ergänzung** des einen durch den anderen („Nehmen und Geben").

Gedichtaussage

- Das Gedicht ist vordergründig ein **Liebesgedicht,** das den Schmerz über den Verlust eines geliebten Menschen zum Ausdruck bringt. Das, was verloren ist, wird jedoch nur sehr unbestimmt ausgedrückt. Die erste Strophe spricht von dem „geliebte[n] Herz", die dritte Strophe von einem „Wesen".
- Auf einer tieferen Ebene scheint es um einen allgemeineren Verlust zu gehen. An zwei Stellen spricht Günderode von „Dasein" und dem „geliebte[n], süße[n] Leben", das unwiederbringlich verloren ist. Der Schmerz bezieht sich offenbar (auch) auf den **Verlust einer einstigen Ganzheit des Lebens,** für das die Liebe das Symbol ist.

Die Gegenwart ist jedoch geprägt von Trennung und Verlust der Ganzheit. Dies ist schmerzhaft („des Daseins Pein"). Aus dem Schmerz erwächst die Sehnsucht nach dem Wiederfinden der verlorenen Ganzheit in der Zukunft. Dieses **Wiederfinden der Ganzheit** (Verschmelzen durch Aufhebung der Grenzen in der dritten Strophe) würde des „Daseins Pein" verschwinden lassen.

9

AFB II

Beschreiben Sie die Bedeutung des Fantastischen in E. T. A. Hoffmanns Erzählung „Der Sandmann".

Fantasie und Wirklichkeit

E. T. A. Hoffmanns Erzählung „Der Sandmann" ist von einem Ineinanderfließen des Fantastischen und der Wirklichkeit geprägt. Die Fantasie erscheint als eine zerstörerische Kraft, da sie offen für dämonische Mächte ist, die die Erkenntnis- und Urteilsfähigkeit auflösen.

- Der Student Nathanael wird von einer Erinnerung heimgesucht an den dämonischen Coppelius, der mit seinem Vater alchemistische Versuche machte. In ihm glaubte er den Sandmann zu sehen, der nach einem Ammenmärchen Kindern, die nicht einschlafen wollen, Sand in die Augen wirft, bis sie „blutig aus dem Kopf herausspringen." In Coppola glaubt er Coppelius wiederzuerkennen.
- Von Coppola erhält Nathanael ein Perspektiv, das ihm eine magische Wahrnehmungsfähigkeit verleiht. Er sieht in dem Automaten Olimpia eine Schönheit, zu der er sich hingezogen fühlt. Er verliert dadurch völlig den Blick für die Realität und vergisst seine Verlobte Clara.
- Als sich ihm enthüllt, dass Olimpia nur eine „leblose Puppe" ist, verfällt er dem Wahnsinn.

Bedeutung des Fantastischen

Vordergründig kann man Nathanaels Geschichte als Geschichte einer **Geisteskrankheit** lesen. Ichverlust und Schizophrenie waren zu E. T. A. Hoffmanns Zeit moderne Themen. Die fantastischen Elemente sind dann Teil von Nathanaels subjektiver Weltsicht, die jedoch in der wirklichen Welt, für die Clara steht, als kranke Fantasie verurteilt wird.

Auf einer tieferen Ebene zeigen Nathanaels Bewusstseinsveränderung und sein Selbstverlust eine dämonische dunkle Seite, die sich hinter der Fassade der Realität verbirgt. Sein Weg nach innen führt nicht mehr wie bei den Frühromantikern zur Erkenntnis der tieferen Einheit von Ich und Welt im Gemüt, sondern in sein eigenes hohles Ich, in dem dämonische Kräfte herrschen. Die fantastischen Elemente stehen für die **dunkle Geisterwelt,** die ununterscheidbar mit der wirklichen Welt verschwimmen.

10

Analysieren Sie den Begriff der Heimat in Joseph von Eichendorffs Novelle „Aus dem Leben eines Taugenichts".

AFB III

Joseph von Eichendorffs Novelle „Aus dem Leben eines Taugenichts" beginnt mit dem Aufbruch aus dem Heimatdorf. Die Gründe, warum Taugenichts seine Heimat verlässt, sind:

- Heimat als Ort, der von **Alltäglichkeit** und **Banalität** geprägt ist (Ort der täglichen Mühe und des ständigen Einerleis)
- Heimat als Ort, der von **Stillstand** geprägt ist (wo man auch bei der Arbeit die Schlafmütze trägt)
- Heimat als Ort des **Philistertums,** der von **Tüchtigkeit** und **Fleiß** geprägt ist, von dem man, wenn man nicht selbst zum Philister werden möchte, ausbrechen muss – hinaus „in die Welt"

Taugnichts' Einstellung zu seiner Heimat ändert sich, kaum dass er fort ist. Heimat erscheint ihm nun unter einem anderen Blickwinkel:

- Heimat als Ort der heiteren **Geselligkeit** (er denkt daran, wie er im Dorf aufgespielt hat)
- Heimat als **„romantischer"** oder **poetischer Ort** (wie der Mond wohl jetzt über seines Vaters Mühle und auf das gräfliche Schloss scheint)
- Heimat als Ort einer **Einheit** und **Ganzheit** im Gegensatz zur Trostlosigkeit der Fremde (er fühlt sich in der Fremde so verlassen, dass er „hätte weinen mögen")

Heimat erscheint ihm nun als ein verlorenes Gut, nach dem er Sehnsucht empfindet. Doch in seiner **Sehnsucht** nach der Heimat weckt er für sich Hoffnung und Erwartungen, die er in der Realität niemals vorfinden würde. Nur aufgrund der räumlichen Trennung erhält die Heimat bereits eine andere Qualität.
Trotz seiner Sehnsucht kehrt Taugenichts nicht in die Heimat zurück. Stattdessen verliebt er sich in Aurelie und zieht durch die Welt. Als er Aurelie am Ende heiraten kann und ein „weißes Schlösschen" mit Garten erhält, ist er am Ziel seiner Wanderschaft angekommen. Seine Sehnsucht hat eine neue Heimat gefunden.

11

AFB III

Untersuchen Sie die Bedeutung der „blauen Blume" in Novalis' Roman „Heinrich von Ofterdingen".

M1 **Novalis: „Heinrich von Ofterdingen" (posthum 1802), Erstes Kapitel; Auszug**

Die Eltern lagen schon und schliefen, die Wanduhr schlug ihren einförmigen Takt, vor den klappernden Fenstern sauste der Wind; abwechselnd wurde die Stube hell von dem Schimmer des Mondes. Der Jüngling lag unruhig auf seinem Lager, und gedachte des Fremden und seiner Erzählungen. „Nicht die Schätze sind es, die ein so unaussprechliches Verlangen in mir geweckt haben", sagte er zu sich selbst; „fern ab liegt mir alle Habsucht: aber die blaue Blume sehn ich mich zu erblicken. Sie liegt mir unaufhörlich im Sinn, und ich kann nichts anders dichten und denken. So ist mir noch nie zumute gewesen: es ist, als hätt' ich vorhin geträumt, oder ich wäre in eine andere Welt hinübergeschlummert; denn in der Welt, in der ich sonst lebte, wer hätte da sich um Blumen bekümmert, und gar von einer so seltsamen Leidenschaft für eine Blume hab ich damals nie gehört. [...]"

Heinrichs Verwandlung nach der Erzählung von der blauen Blume

Die ersten Sätze des „Heinrich von Ofterdingen" schildern Heinrichs Verwandlung nach der Erzählung des Fremden von der blauen Blume.

- Der Beginn zeigt die langweilige und bedeutungslose Welt der Eltern. Ihr Leben ist von dem einförmigen Takt der Uhr bestimmt. Sie schlafen, träumen aber nicht, haben keine Fähigkeit zu tieferem Erleben der Wirklichkeit.
- In Heinrich hat die Erzählung ein inneres Erleben ausgelöst; eine Art **Erwachen** in einer anderen Welt, die nicht mehr die der Eltern ist („Es ist, als hätt' ich vorhin geträumt, oder ich wäre in eine andere Welt hinübergeschlummert").
- Die Erzählung des Fremden geht auf einen Sagenstoff aus Novalis' Heimat zurück: Die blaue Blume zeigt den Bergleuten den Weg zu den Schätzen im Inneren des Berges. Doch in Heinrich weckt sie nicht das Verlangen nach den Schätzen (keine „Habsucht"), sondern nach dem **Weg zum Inneren der Natur.**

Die Farbe Blau in der Romantik

Die Farbe Blau ist die Farbe des Himmels in der abendlichen Dämmerung, wenn die Konturen verschwimmen und die festen Formen sich auflösen. Sie symbolisiert eine andere, **tiefere Wahrnehmung der Wirklichkeit,** die offen ist für das, was jenseits des bei Tage Sichtbaren liegt.

11

Fortsetzung: Untersuchen Sie die Bedeutung der „blauen Blume" in Novalis' Roman „Heinrich von Ofterdingen".

AFB III

Die blaue Blume als Symbol des Poetischen

Was die blaue Blume in Heinrich ausgelöst hat, ist nach der Auffassung von Novalis die Aufgabe der Poesie: Sie löst ein Nachdenken im Inneren aus, sie schließt neue Welten auf, die ein tieferes Verstehen der Wirklichkeit ermöglichen.

Heinrichs Traum von der blauen Blume

In Heinrichs Traum, der auf die Eingangssätze folgt, befindet sich die „hohe lichtblaue Blume" im Inneren des Berges neben einer Quelle.

- Heinrichs Weg führt durch die Felsschlucht von der Oberfläche der irdischen Welt in das Innere des Berges. Die blaue Blume befindet sich also doppelt im Inneren: im Inneren der geträumten Natur und im Inneren des von ihr träumenden Ichs. Das zeigt, dass die blaue Blume bzw. die Poesie die Verbindung herstellt zwischen dem Inneren des Ich und dem **Inneren der Natur.**
- Dass die blaue Blume in Heinrichs Traum neben einer Quelle steht, zeigt ihre Nähe zum **Göttlichen.**
- Das Gesicht, das sich zeigt, als Heinrich sich der Blume nähert, verweist auf die Erfahrung der **Liebe,** die mit dem Poetischen verbunden ist. Beide wenden sich den Dingen zu, indem sie nicht fordern und nicht besitzen, sondern das geliebte Objekt als Ganzes in seiner Eigenart verstehen wollen. Poesie und Liebe ermöglichen so ein tieferes Verstehen der Wirklichkeit.

KAPITEL 8

Junges Deutschland, Vormärz, Biedermeier

Alle Fragen im Überblick

AFB I

1 **Zeigen Sie auf,** inwieweit die Schriftsteller des Jungen Deutschland sich von den Autoren der Weimarer Klassik und der Romantik abhoben.

2 **Beschreiben Sie,** in welch unterschiedlicher Weise Junges Deutschland und Biedermeier auf die gesellschaftlichen und politischen Veränderungen im Zuge der Restauration und der industriellen Revolution reagierten.

3 **Zeigen Sie,** wie Heinrich Heine in dem Gedicht „Die schlesischen Weber" den Weberaufstand verarbeitet.

AFB II

4 **Ordnen Sie** Adelbert von Chamissos Gedicht „Die alte Waschfrau" in das Spannungsfeld von Jungem Deutschland und Biedermeier **ein.**

5 **Stellen Sie** anhand eines biografischen Abrisses **dar,** wie Georg Büchners Flugschrift „Der hessische Landbote" entstand und welche Wirkung sie hatte.

6 **Skizzieren Sie** die Bedeutung des Antihelden in Georg Büchners Drama „Woyzeck".

7 **Arbeiten Sie** die zentralen Aussagen in dem vorliegenden Textauszug aus Arthur Schopenhauers „Die Welt als Wille und Vorstellung" **heraus.**

AFB III

8 **Arbeiten Sie** die Hauptaussage von Heinrich Heines Gedicht „Belsazar" **heraus.**

9 **Analysieren Sie** anhand des „Märchens der Großmutter" aus Georg Büchners „Woyzeck", inwieweit der Text den Übergang zur Moderne markiert.

10 **Bewerten Sie** die Auffassung der Ehe der Schriftstellerin und Frauenrechtlerin Louise Aston in ihrer Schrift „Meine Emanzipation".

1

Zeigen Sie auf, inwieweit die Schriftsteller des Jungen Deutschland sich von den Autoren der Weimarer Klassik und der Romantik abhoben.

AFB I

Die Schriftsteller des Jungen Deutschland stellten sich in einen scharfen Gegensatz zu den Autoren der Weimarer Klassik und der Romantik. Sie betrachteten die Literatur der Klassik und der Romantik als lebensfern und forderten eine **aktuelle, politische Literatur.**

	Literaturbegriff des Jungen Deutschland	Klassisch-romantischer Literaturbegriff
Definition	eingreifende und parteiergreifende Literatur	zeitlos gültige Poesie, von allem Subjektiven und Zufälligen befreit, auf das allgemein Menschliche ausgerichtet
Gegenstand	tagespolitische Themen, politisch-gesellschaftliche Verhältnisse, Zeitkritik	Vorstellung eines idealen Zustandes der Gesellschaft und des idealen Menschen
Zweck	Veränderung der politisch-gesellschaftlichen Gegebenheiten	Kunst ist autonom, findet ihren Zweck in sich selbst, Kunst vermittelt keine Lehre

Die Autoren des Jungen Deutschland forderten Dichtung erstmals als wirksames **Organ des gesellschaftlichen Lebens.** So wurde das **journalistische Feuilleton** hervorgebracht, in dem die Autoren geschickt verhüllte Zeitkritik an der Zensur vorbei veröffentlichen konnten. Der von den Schriftstellern des Jungen Deutschland formulierte neue Kunstbegriff ist für die politische Literatur bis in die Gegenwart verpflichtend.

Politische Dichtung

Die Dichtung, die direkt oder indirekt **bestehende Macht-, Herrschafts- und Gesellschaftsverhältnisse kritisiert.**
In ihrer Wirkungsabsicht kann politische Dichtung bestehende Systeme verherrlichen (affirmativ/normbestätigend), sie kann auf Verbesserung der Zustände gerichtet sein (explanativ/normkorrigierend) oder aggressiv die Missstände beklagen (initiativ auf politisches Handeln gerichtet).
Politische Dichtung sieht sich weniger dem Künstlerischen verpflichtet als der Verstärkung des **Gebrauchswerts von Literatur.**

2

AFB I

Beschreiben Sie, in welch unterschiedlicher Weise Junges Deutschland und Biedermeier auf die gesellschaftlichen und politischen Entwicklungen im Zuge der Restauration und der industriellen Revolution reagierten.

Historischer Hintergrund

Zwischen dem Wiener Kongress unter der Leitung von Fürst von Metternich im Jahre 1815 und der Märzrevolution im Jahre 1848 gab es Bestrebungen, die feudale Ordnung wiederherzustellen, die vor der Französischen Revolution geherrscht hatte. Dies ist das Zeitalter der **Restauration.** Repressive Maßnahmen wie die Aufhebung der Pressefreiheit (Zensur), das Berufsverbot für oppositionelle Autoren und Ausweisungen sind Reaktionen auf die liberalen Forderungen nach einem einheitlichen Nationalstaat und einer demokratischen Verfassung.
Während der **industriellen Revolution** verschärften sich die sozialen Probleme. So kam es zum Beispiel im Jahre 1844 zum Weberaufstand in Schlesien und zu Hungerkrawallen in Stettin im Jahre 1847.

Schriftsteller reagierten unterschiedlich auf diese gesellschaftlichen und politischen Entwicklungen, woraus sich gegensätzliche literarische Strömungen entwickelten:

Junges Deutschland

- Liberal-revolutionär ausgerichtete Bewegung mit dem Ziel, die restaurative Politik Metternichs zu kritisieren;
- Autoren des Jungen Deutschland waren dem Liberalismus, der staatlichen Einheit nach republikanischem Vorbild, der Emanzipation der Frau und der Meinungs- und Pressefreiheit verpflichtet.

Biedermeier

- Bürgerlich-konservative Strömung, die die überkommende Ordnung achtete und eher resignativ auf die politischen Gegebenheiten der Zeit reagierte;
- Vertreter des Biedermeier suchten ihr Glück in der Familie, zogen sich ins Private zurück und fanden ihre Erfüllung in der Darstellung von Heimat und Idylle.

3

Zeigen Sie, wie Heinrich Heine in dem Gedicht „Die schlesischen Weber" den Weberaufstand verarbeitet.

AFB I

M1 Heinrich Heine: „Die schlesischen Weber" (1844)

Im düstern Auge keine Träne,
Sie sitzen am Webstuhl und fletschen die Zähne:
Deutschland, wir weben dein Leichentuch,
Wir weben hinein den dreifachen Fluch –
Wir weben, wir weben!

Ein Fluch dem Gotte, zu dem wir gebeten
In Winterskälte und Hungersnöten;
Wir haben vergebens gehofft und geharrt,
Er hat uns geäfft und gefoppt und genarrt –
Wir weben, wir weben!

Ein Fluch dem König, dem König der Reichen,
Den unser Elend nicht konnte erweichen,
Der den letzten Groschen von uns erpresst
Und uns wie Hunde erschießen lässt –
Wir weben, wir weben!

Ein Fluch dem falschen Vaterlande,
Wo nur gedeihen Schmach und [Schande
Wo jede Blume früh geknickt,
Wo Fäulnis und Moder den Wurm [erquickt –
Wir weben, wir weben!

Das Schiffchen fliegt, der Webstuhl [kracht,
Wir weben emsig Tag und Nacht –
Altdeutschland, wir weben dein [Leichentuch,
Wir weben hinein den dreifachen [Fluch,
Wir weben, wir weben!

Der historische Bezugspunkt von Heines Gedicht ist der Hungeraufstand der schlesischen Weber vom 4. Juni 1844. Er wurde zum Sinnbild für die Auflehnung der ausgebeuteten Arbeiter gegen unmenschliche Lebens- und Arbeitsbedingungen infolge der Industrialisierung.

Heines Gedicht kann als engagierte **soziale Anklage** verstanden werden:

- Die beiden ersten Verse zeigen das Leiden der Weber als Kollektiv („Wir").
- Heine entlarvt den preußischen Schlachtruf „Mit Gott für König und Vaterland" als leere Parole. Die Weber verfluchen die Begriffe „Gott", „König" und „Vaterland" in den ersten Zeilen der Strophen 2, 3 und 4, da sie die Bedürfnisse und Nöte der sozialen Unterschicht ignorieren.
- Die Weber lehnen sich gegen ein überlebtes politisches System (Restauration in Deutschland) auf, das zur Not gewaltsam beseitigt werden muss.
- Die Wiederholung des Verses „Wir weben, wir weben" verdeutlicht die Entschlossenheit der sozialen Unterschicht, eine Veränderung herbeizuführen, und die Unaufhaltsamkeit der Revolution, die „Altdeutschland" beseitigen wird.

4

AFB II

Ordnen Sie Adelbert von Chamissos Gedicht „Die alte Waschfrau" in das Spannungsfeld von Jungem Deutschland und Biedermeier ein.

M1 Adelbert von Chamisso: „Die alte Waschfrau" (1833); Auszug

Du siehst geschäftig bei dem Linnen
Die Alte dort in weißem Haar,
Die rüstigste der Wäscherinnen
Im sechsundsiebenzigsten Jahr.
So hat sie stets mit sauerm Schweiß
Ihr Brot in Ehr und Zucht gegessen,
Und ausgefüllt mit treuem Fleiß
Den Kreis, den Gott ihr zugemessen.

Sie hat in ihren jungen Tagen
Geliebt, gehofft und sich vermählt;
Sie hat des Weibes Los getragen,
Die Sorgen haben nicht gefehlt;
Sie hat den kranken Mann gepflegt;
Sie hat drei Kinder ihm geboren;
Sie hat ihn in das Grab gelegt,
Und Glaub und Hoffnung nicht verloren.

Da galts die Kinder zu ernähren;
Sie griff es an mit heiterm Mut,
Sie zog sie auf in Zucht und Ehren,
Der Fleiß, die Ordnung sind ihr Gut.
Zu suchen ihren Unterhalt
Entließ sie segnend ihre Lieben,
So stand sie nun allein und alt,
Ihr war ihr heitrer Mut geblieben. [...]

Und ich, an meinem Abend, wollte,
Ich hätte, diesem Weibe gleich,
Erfüllt, was ich erfüllen sollte
In meinen Grenzen und Bereich;
Ich wollt, ich hätte so gewusst
Am Kelch des Lebens mich zu laben,
Und könnt am Ende gleiche Lust
An meinem Sterbehemde haben.

Aspekte des Jungen Deutschland

Sozialer Stoff: Dargestellt wird das (Lebens-)Schicksal einer alten Frau aus der untersten sozialen Schicht, die mit dem Existenzminimum lebt.

Aspekte des Biedermeier

- Das Gedicht übt **keine Kritik an der sozialen Ungerechtigkeit,** die der Waschfrau widerfährt, sondern erzeugt **Mitleid** mit ihrem Schicksal.
- Das Gedicht hat **kein revolutionäres Moment.** Die Tugenden, die ihr eigenes Lebens bestimmen, vermittelt die Alte ihren Kindern: **Genügsamkeit, Pflichterfüllung, Schicksalsergebenheit.** Sie fügt ihre Nachkommen in die gesellschaftliche und soziale Ordnung ein, die sie nicht als ungerecht empfindet, sondern klaglos annimmt. Sie fordert nicht auf, den Zustand nicht länger zu akzeptieren und für ein besseres Leben zu kämpfen.
- Der Glaube an die gute und gerechte Weltordnung, **Vertrauen in Gott** und in die göttliche Lenkung des Geschehens. Ihr Leben ist die ergebene Annahme der ihr von Gott zugewiesenen Bestimmung.

5

Stellen Sie anhand eines biografischen Abrisses dar, wie Georg Büchners Flugschrift „Der hessische Landbote" entstand und welche Wirkung sie hatte.

AFB II

„Der hessische Landbote" entstand **1834** und ist die erste publizierte literarische Schrift Georg Büchners.

Büchner studierte 1831–33 in Straßburg und 1833/34 in Gießen Naturwissenschaften, Medizin und Philosophie. In Gießen hatte er Kontakt zur **oberhessischen Oppositionsbewegung** und gründete die radikaldemokratische „Gesellschaft der Menschenrechte", obwohl er immer auch Skepsis gegenüber den Möglichkeiten revolutionärer Bewegungen in seiner Zeit äußerte.

Aus der Mitte der „Gesellschaft der Menschenrechte" entstand „Der hessische Landbote". Die Flugschrift kann als ein Versuch einer **revolutionären Agitationsschrift** verstanden werden. Sie sollte, so stellte sich dies Büchner vor, die **Mobilisierung** und **Politisierung der unteren Schichten** bewirken und rief zum Umsturz der bestehenden Verhältnisse auf („Friede den Hütten, Krieg den Palästen").

Flugschrift

Unter einer Flugschrift versteht man eine geheftete Druckschrift, die meist anonym oder unter einem Pseudonym veröffentlicht wird und zu politischen, sozialen oder religiösen Streitfragen Stellung bezieht.
Flugschriften sind meist von geringem Umfang, kleinem Format und manchmal illustriert. Die Inhalte werden in schlagwortartiger Kürze präsentiert.

Büchner verfasste den „Hessischen Landboten" zusammen mit **Ludwig Friedrich Weidig,** einem der Führer der oberhessischen Oppositionsbewegung. Weidig gab eine illegale Zeitschrift heraus, zu deren Leserschaft besonders das liberale Bürgertum zählte. Weidig und Büchner arbeiteten seit dem März 1834 zusammen, obschon beide unterschiedliche Zielvorstellungen hatten.

Die Arbeit an der Flugschrift wurde der Polizei verraten. Weidig wurde verhaftet und starb nach zwei Jahren Untersuchungshaft im Darmstädter Gefängnis. Büchner wurde steckbrieflich wegen Staatsverrats gesucht und musste nach Straßburg fliehen.

AFB II

6 Skizzieren Sie die Bedeutung des Antihelden in Georg Büchners Drama „Woyzeck".

In Georg Büchners Dramenfragment „Woyzeck" (1836) ist der Protagonist ein sozial deklassierter Mensch, der als **Opfer seiner Umwelt** dargestellt wird. Sein Werdegang, seine Sprache und psychologische Darstellung machen ihn zu einem der ersten Antihelden in der Literatur.

Antiheld

Der Antiheld ist eine Figur, die alle positiven und heroischen Charakterzüge eines Helden nicht vorweisen kann. Er ist den Ereignissen hilflos ausgesetzt und zeigt keine Initiative, die negativen Verhältnisse, in denen er lebt, zu verändern. Er begegnet den Krisen in seinem Leben mit **Passivität, Resignation** oder **Langeweile.**

Büchners Woyzeck scheitert an der Welt und ihren Normen, weil er nicht aktiv Widerstand leistet. Büchner zeigt anhand der Figur des Woyzeck, wie ein Mensch zum Opfer der Verhältnisse wird. Als Antiheld zeigt Woyzeck folgende Eigenschaften:

- Woyzeck ist eine gequälte Kreatur.
- Er ist durch die Gesellschaft und die ökonomischen Bedingungen determiniert.
- Die Armut hat ihn einsam gemacht und isoliert; er muss für Frau und Kind sorgen.
- Die Art und Weise, wie er Geld verdient, zeigt, dass Armut keinen Raum für moralische Bedenken lässt. Woyzeck kann sich den Luxus eines frei bestimmten Lebens nicht leisten, die Armut raubt ihm den Willen und die Gesundheit.
- Er ist ein Getriebener, nicht handelndes Subjekt; er ist nicht in der Lage zu handeln, sondern er wird behandelt (Opfer medizinischer Experimente).
- Er kann sich nicht wehren oder protestieren, weil es die Verhältnisse zu keiner Zeit zulassen.
- In letzter Konsequenz flieht Woyzeck in den Wahnsinn und zeigt durch diese Flucht eine Art Weigerung, aktiv am Leben teilzunehmen.

Arbeiten Sie die zentralen Aussagen in dem vorliegenden Textauszug aus Arthur Schopenhauers „Die Welt als Wille und Vorstellung“ heraus.

AFB II

M1 **Arthur Schopenhauer: „Die Welt als Wille und Vorstellung“ (1819); Auszug**

[...] Demgemäß sehn wir oft eine Jammergestalt, von Alter, Mangel und Krankheit verunstaltet und gekrümmt, aus Herzensgrunde unsere Hülfe anrufen, zur Verlängerung eines Daseyns, dessen Ende als durchaus wünschenswert erscheinen müßte, wenn ein objektives Urtheil hier das Bestimmende wäre. Stattdessen also ist es der blinde Wille, auftretend als Lebenstrieb, Lebenslust, Lebensmuth: er ist das Selbe, was die Pflanze wachsen macht. Diesen Lebensmuth kann man vergleichen mit einem Seile, welches über dem Puppenspiel der Menschenwelt ausgespannt wäre und woran die Puppen mittelst unsichtbarer Fäden hiengen, während sie bloß scheinbar von dem Boden unter ihnen (dem objektiven Werthe des Lebens) getragen würden. Wird jedoch dieses Seil ein Mal schwach, so senkt sich die Puppe; reißt es, so muß sie fallen: denn der Boden unter ihr trug sie nur scheinbar: d.h. das Schwachwerden jener Lebenslust zeigt sich als Hypochondrie, spleen, Melancholie; ihr gänzliches Versiegen als Hang zum Selbstmord, der alsdann bei dem geringfügigsten, ja, einem bloß eingebildeten Anlass eintritt, indem jetzt der Mensch gleichsam Händel mit sich selbst sucht, um sich todtzuschießen, wie Mancher es, zu gleichem Zweck, mit einem Andern macht: – sogar wird, zur Noth, ohne allen besondern Anlaß zum Selbstmord gegriffen. [...]

Zentrale Aussagen des Textes

Der Textauszug stammt aus Schopenhauers philosophischem Hauptwerk, in dem er seine Philosophie des **Pessimismus** und **Antiidealismus** darlegt.

- Die Darstellung einer Extremsituation (keine Lebensverlängerung bei Alten oder Kranken) zeigt die Diskrepanz zwischen der objektiven Urteilsfähigkeit über den Wert des Daseins einerseits und dem subjektiven Willen in Form von Lebenslust oder „Lebensmuth“ anderseits auf.
- Das Vorhandensein eines subjektiven, „blinden“ Willens zum Leben bringt die menschliche Existenz zurück auf die Stufe von Pflanzen („das Selbe, was die Pflanze wachsen macht“).
- Der Mensch gleicht einer fremdbestimmten „Puppe“, die an unsichtbaren Fäden hängt, die den Lebenswillen des Menschen symbolisieren. Sie halten den Menschen aufrecht, nicht der Boden, auf dem er steht. Der objektive Wert des Lebens wird negiert, der Glaube daran wird als Selbsttäuschung entlarvt. Der Lebenswille wird durch metaphysische Kräfte aufrechterhalten.
- Das menschliche Leben ist eines, das erduldet werden muss, das Individuum hat es nicht selbst gewählt, sondern es beruht auf einem Zwang.

8

Arbeiten Sie die Hauptaussage von Heinrich Heines Gedicht „Belsazar" heraus.

AFB III

M1 **Heinrich Heine: „Belsazar"; Auszug**

Die Mitternacht zog näher schon;
In stummer Ruh lag Babylon.

Nur oben in des Königs Schloss,
Da flackerts, da lärmt des Königs Tross.

Dort oben in dem Königssaal,
Belsazar heilt sein Königsmahl.

[...]

Es klirrten die Becher, es jauchzten die Knecht;
So klang es dem störrigen Könige recht.

Des Königs Wangen leuchten Glut;
Im Wein erwuchs ihm kecker Mut.

Und blindlings reißt der Mut ihn fort;
Und er lästert die Gottheit mit sündigem Wort.

[...]

Die Magier kamen, doch keiner verstand
Zu deuten die Flammenschrift an der Wand.

Belsazar ward aber in selbiger Nacht
Von seinen Knechten umgebracht.

Heinrich Heines Ballade „Belsazar" gehört zu seinen frühen Gedichten und wurde einige Jahre nach ihrer Entstehung in dem „Buch der Lieder" veröffentlicht.

Thema der Ballade

Das Gedicht handelt von Belsazar, der im Alten Testament der letzte König von Babylon ist. Während eines Gastmahls weissagt ihm das Menetekel, eine geisterhafte Schrift an der Wand, den baldigen Untergang des babylonischen Reichs.

Fortsetzung: Arbeiten Sie die Hauptaussage von Heinrich Heines Gedicht „Belsazar“ heraus.

AFB III

Balladentyp

Das Gedicht trägt die Merkmale einer sog. numinosen Ballade (lat. *numen* „göttliches Wesen“), in der das Göttliche als unbegreifliche, Schauer erweckende Macht in die Welt des Menschen eingreift.

Motive der Ballade

Die Ballade verarbeitet drei Motive:

- das Bankett-Motiv in den einleitenden Versen,
- das Motiv der Gotteslästerung,
- das Motiv der Tyrannei und des Tyrannenmordes.

Das Gedicht beginnt mit der Beschreibung eines Banketts. Es zeigt einen Herrscher, der sich hemmungslos feiert. In seinem orgiastischen Gelage verfällt er der Hybris, Gott zu lästern. In dieser Selbstherrlichkeit gibt er sich dem Größenwahn hin und macht sich zum Maßstab aller Dinge („blindlings reißt der Mut ihn fort“). Belsazar überschreitet, wenn auch im Weinrausch, Grenzen, die zum Mord an dem Despoten führen.

Hauptaussage des Gedichts

Das Gedicht führt einen Potentaten vor, der uneingeschränkt **Macht** ausübt und jeden seiner **Willkür** unterwirft. Belsazar kann als stellvertretend für den absolutistischen Fürsten im Zeitalter der Restauration gesehen werden. Das wird durch die unterschiedlichen Lebenssphären des Herrschers und der Untertanen unterstrichen: das hochgelegene feudale Schloss, gleichzeitig Zentrum der Macht, einerseits und die tief gelegene Stadt, die die Untertanen beherbergt, die, so deutet es die „stumme Ruh“ an, zum Stillhalten verdammt sind. Das Gedicht bekommt so einen warnenden Unterton: **Hybris** und willkürliche Machtausübung werden bestraft werden. Die Tatsache, dass er von seinen Knechten umgebracht wird, kann als drohende **Revolution** gedeutet werden.

9

AFB III

Analysieren Sie anhand des „Märchens der Großmutter“ aus Georg Büchners „Woyzeck“, inwieweit der Text den Übergang zur Moderne markiert.

M1 **Georg Büchner: Das Märchen der Großmutter aus „Woyzeck“ (1836/37)**

[...] Es war einmal ein arm Kind und hat kei Vater und kei Mutter war Alles todt und war Niemand mehr auf der Welt. Alles todt, und es ist hingangen und hat greint Tag und Nacht. Und weil auf der Erd Niemand mehr war, wollt's in Himmel gehen, und der Mond guckt es so freundlich an und wie's endlich zum Mond kam, war's ein Stück faul Holz und da ist es zur Sonn gangen und wie's zur Sonn kam, war's ein verreckt Sonneblum und wie's zu den Sterne kam, warens klei golde Mück, die waren angesteckt wie der Neuntödter sie auf die Schlehe steckt und wie's wieder auf die Erd wollt, war die Erd ein umgestürzter Hafen und war ganz allein und da hat sich's hingesetzt und geweint und da sitzt es noch und ist ganz allein. [...]

Kennzeichen des Übergangs zur Moderne

Die Erzählung „Das Märchen der Großmutter“ stammt aus Büchners „Woyzeck“. Sie wird mit der Aufforderung „Großmutter erzähl'“ eingeleitet. Folgende Merkmale kennzeichnen den Übergang zur Moderne:

- **Mundartliche Färbung** der Figurenrede, die im Kontrast zum kunstvollen Erzählen des Märchens steht.
- **Desillusionierung** der metaphysischen Deutung der Welt, indem Sonne, Mond und Sterne als optische Täuschung entlarvt werden, die in Wirklichkeit absterbende Naturgegenstände sind.
- **Einsamkeit** und **Verlorenheit des Menschen** in der Welt, in der es keinen Trost durch die Religion oder die Einbettung in einen größeren kosmischen Zusammenhang mehr gibt (Erde ist umgestürzter Hafen).
- Fehlen von Aufhebung des Leidens und Belohnung der Guten machen die Erzählung zum **Antimärchen.**
- Darstellung der Situation und Weltsicht der **sozialen Unterschicht** („arm Kind“), der die traditionelle Trostfunktion des Glaubens bzw. die Fähigkeit zur Überhöhung der Wirklichkeit angesichts der hoffnungslosen und ausweglosen Realität verloren gegangen ist.

Bewerten Sie die Auffassung der Ehe der Schriftstellerin und Frauenrechtlerin Louise Aston in ihrer Schrift „Meine Emanzipation".

AFB III

M1 **Louise Aston: „Meine Emanzipation" (1846); Auszug**

Was nun mein Glaubensbekenntniß anbetrifft: so ist dies das Resultat meines Lebens, meiner Schicksale und Studien. Mag es abweichen von dem gewöhnlichen Glauben der Menschen; mag es den Meisten irrig und haltlos erscheinen: es ist meine feste Ueberzeugung, die mir einen festen Halt im Leben giebt. Keiner äußern Gewalt, am wenigsten der Staatsgewalt steht das Recht zu, dies mein innerstes Heiligthum anzutasten, so lange ich für diese Ideen keine äußere Propaganda stifte. Ich glaube allerdings nicht an die Nothwendigkeit und Heiligkeit der Ehe, weil ich weiß, daß ihr Glück meistens ein erlogenes und erheucheltes ist; daß sie in ihrem Schoße alle Verwerflichkeit und Entartung verbirgt. Ich kann ein Institut nicht billigen, das mit der Anmaßung auftritt, das freie Recht der Persönlichkeit zu heiligen, ihm eine unendliche Weihe zu ertheilen, während nirgends grade das Recht mehr mit Füßen getreten und im Innersten verletzt wird; – ein Institut das mit der höchsten Sittlichkeit prahlt, während es jeder Unsittlichkeit Thor und Thür öffnet; das einen Seelenbund sanktionieren will, während es meistens nur den Seelenhandel sanktionirt. Ich verwerfe die Ehe, weil sie zum Eigenthume macht, was nimmer Eigenthum sein kann: die freie Persönlichkeit; weil sie ein Recht giebt auf Liebe, auf die es kein Recht geben kann; bei der jedes Recht zum brutalen Unrecht wird. [...]

Louise Aston schildert in „Meine Emanzipation" ihr Leben. Sie wendet sich in erster Linie an die Frauen und deren Befreiung im Zeitalter der aufblühenden Industrie und des ökonomisch aufstrebenden Bürgertums. Trotz der engen Verbundenheit mit ihrer Zeit sind Astons Aussagen im Hinblick auf Frauen und Ehe zeitlos aktuell. Die Hauptaussagen sind:

- **Innerste Überzeugungen** eines Menschen sind unantastbar. Sie dürfen von außen nicht beeinträchtigt werden. Solange sie im privaten Raum bleiben, darf auch keine Staatsgewalt die Meinung und innerste Überzeugung einer Person verbieten.
- **Ablehnung der Institution Ehe,** einer Lebensgemeinschaft, die durch Staat und Kirche sanktioniert ist. Die Ehe ist weder notwendig (Sittlichkeit – Unsittlichkeit) noch heilig (Seelenbund).
- Die Ehe verletzt das freie **Recht der Persönlichkeit.**
- Die Ehe bringt den **Anspruch auf Eigentum** an der anderen Person und den Anspruch auf das Recht auf Liebe hervor. Sie versucht damit, etwas zu besitzen, was nicht besessen werden und eingefordert werden kann. Durch das Recht, die Ansprüche zu erheben, handelt ein jeder im Unrecht.

10

AFB III

Fortsetzung: Bewerten Sie die Auffassung der Ehe der Schriftstellerin und Frauenrechtlerin Louise Aston in ihrer Schrift „Meine Emanzipation".

Freie Meinungsäußerung

Bei der Beurteilung von Astons kontroversen Aussagen kann man sich einerseits mit der Art und Weise beschäftigen, wie sie ihre Meinung vertritt. Daraus ergibt sich auch noch für den Menschen heute die Frage: Wie „heilig" ist die eigene Überzeugung im Spannungsfeld Staat – Individuum? Louise Aston führt uns vor, dass das Festhalten an ihrer Überzeugung ihr einen „Halt im Leben" gibt. Sie findet in ihrem Inneren nicht hintergehbare Überzeugungen, die ihre Integrität ausmachen. Ihr „Glaubensbekenntniss" resultiert aus der eigenen Lebenserfahrung, die durchaus von gängigen Meinungen abweichen kann. Gerade dann, wenn die Abweichungen von gängigen Ansichten oder Normen und Konventionen besonders groß sind, fällt es schwer, seinen Standpunkt konsequent zu vertreten.

Ansichten über die Ehe

Luise Astons Ansichten bezüglich Heirat und Ehe sind sehr modern. Eine Beschäftigung mit ihren Überzeugungen könnte in drei Schritten erfolgen:

- Beschreibung der Vehemenz, mit der sie die Ehe an sich negiert: Die Ehe ist geprägt von Lüge, Heuchelei, Unsittlichkeit, Entartung, Verwerflichkeit, Anmaßung, Rechtsverletzung, brutalem Unrecht.
- Suche nach Gründen für diese Ablehnung. Dabei wird deutlich, dass sie eine wirklich zeitlose Argumentation verfolgt, die letztendlich darauf abhebt, dass niemand eine andere Person besitzen darf und die Ehe einen Eingriff in die Persönlichkeitsrechte darstellt.
- Übertragung ihrer These auf moderne Beziehungen. Astons Aussagen erhalten eine besondere Brisanz, wenn man moderne Beziehungen vor ihrem Hintergrund bewertet. An dieser Stelle ist es sinnvoll, die Bedeutung der Ehe im 21. Jahrhundert zu hinterfragen und im Hinblick auf die hohe Scheidungsrate zu durchleuchten.

KAPITEL 9

Realismus und Naturalismus

Alle Fragen im Überblick

AFB I

1 **Stellen Sie dar,** warum Roman und Novelle die bestimmenden literarischen Gattungen des Realismus sind.

2 **Skizzieren Sie** die Unterschiede zwischen Realismus und Naturalismus.

AFB II

3 **Untersuchen Sie** Storms Lyrikauffassung anhand des vorliegenden Textauszugs aus „Über Lyrik".

4 **Arbeiten Sie** den Aufbau des Textes und die Stimmung des lyrischen Ichs im Gedicht „Meeresstrand" von Theodor Storm **heraus.**

5 **Beschreiben Sie** die Beziehung zwischen dem Dichter und der ihn umgebenden Wirklichkeit in Arno Holz' „Phantasus".

6 **Untersuchen Sie** die Sprache in der Erzählung „Papa Hamlet" von Arno Holz und Johannes Schlaf.

AFB III

7 **Analysieren Sie** die Bühnenanweisungen zu Gerhart Hauptmanns Drama „Die Weber" vor dem Hintergrund der naturalistischen Literaturtheorie.

8 **Interpretieren Sie** das vorliegende Gedicht von Conrad Ferdinand Meyer hinsichtlich seiner Bedeutung als Vorläufergedicht des Symbolismus.

9 **Setzen Sie sich** auf der Grundlage des vorliegenden Textauszugs mit dem Frauenbild in dem Roman „Effi Briest" von Theodor Fontane **auseinander.**

AFB I

1

Stellen Sie dar, warum Roman und Novelle die bestimmenden literarischen Gattungen des Realismus sind.

Literaturtheoretische Gründe

Otto Ludwig prägte 1871 den Begriff des „poetischen Realismus". Seiner Auffassung nach sollte Literatur das „Wahre" durch eine „poetische Verklärung" abbilden. Literatur zeigt die zeitgenössische Wirklichkeit, hebt aber deren wesentliche Züge und immer gültige Eigenschaften hervor.
Die wichtigsten Kennzeichen der Literatur sind:

- die genaue psychologische Zeichnung der Figuren,
- die genaue Beobachtung der jeweiligen Lebensformen, die die literarische Figur prägen (Milieuschilderungen),
- unparteiische Beobachtung, Schilderung der Wirklichkeit ohne Anteil von Gefühlen oder Wertungen, größtmögliche Objektivität,
- Vermeidung der Darstellung extremer Seiten der Wirklichkeit (Krankheit, Sexualität).

Genaue Schilderung von Lebensformen und Figuren sowie größtmögliche Objektivität in der Darstellung lassen sich am besten in Roman oder Novelle verwirklichen. Auch erfordern diese Darstellungen eine gewisse epische Breite, die nur im Roman bzw. in der Novelle entwickelt werden kann.

Der Blick auf den Leser

Neben den literaturtheoretischen Gründen gibt es noch andere Faktoren, die die Dominanz von Roman und Novelle erklären.
Die Autoren des Realismus schrieben für ein **bürgerliches Lesepublikum,** das von der gescheiterten Revolution 1848/49 erschüttert war. Es hatte sich mehr oder weniger aus dem politischen Geschehen zurückgezogen und definierte sich größtenteils über ökonomischen Erfolg. Literatur diente als Selbstbestätigung. Sie sollte keinen Ausbruch in märchenhafte Traumwelten ermöglichen oder gar die Gegenwart kritisch durchleuchten. Vielmehr sehnte sich das Bürgertum nach Ruhe, Ordnung und realisierbaren Veränderungen.

2

Skizzieren Sie die Unterschiede zwischen Realismus und Naturalismus.

AFB I

Hintergrund

Im Zuge der Industrialisierung kommt es am Ende des 19. Jahrhunderts zur Verschärfung der sozialen Probleme. Auf diese Entwicklung reagiert der Naturalismus, der das bürgerliche Dichtungsverständnis, v. a. allem den poetischen Realismus radikal kritisiert.

Unterschiede zwischen Realismus und Naturalismus

Daraus ergeben sich folgende Unterschiede zwischen Realismus und Naturalismus:

	Realismus	Naturalismus
Themen	der bürgerliche Mensch im Konflikt mit der Gesellschaft	Kritik am Bürgertum und an dessen Doppelmoral und Gleichgültigkeit gegenüber sozialen Problemen; Armut, Alkoholismus, Krankheit, Gewalt, Prostitution und Wahnsinn; Alltagsleben aus Fabrik, Mietskasernen, Hinterhof und Kneipe; der Mensch in der Masse
Art der Darstellung	„verklärte" Darstellung der Wirklichkeit, aus der Extreme herausgefiltert werden	naturgetreue, unverstellte Abbildung der Wirklichkeit
Sprache / Stil	Sprachduktus wird nicht durch die soziale Herkunft und momentane Befindlichkeit geprägt.	Verwendung von Umgangssprache, Dialekt und Jargon bis hin zu Stottern oder Stammeln; Sprachstörungen
Genre	Roman und Novelle dominieren.	Dramen dominieren (Milieudrama und soziales Drama).

3

Untersuchen Sie Storms Lyrikauffassung anhand des vorliegenden Textauszugs aus „Über Lyrik".

AFB II

M1 **Theodor Storm: „Über Lyrik"; Auszug**

Von einem Kunstwerk will ich, wie vom Leben, unmittelbar und nicht erst durch die Vermittlung des Denkens berührt werden; am vollendetsten erscheint mir daher das Gedicht, dessen Wirkung zunächst eine sinnliche ist, aus der sich dann die geistige von selbst ergibt, wie aus der Blüte die Frucht. – Der bedeutendste Gedankengehalt aber, und sei er in den wohlgebautesten Versen eingeschlossen, hat in der Poesie keine Berechtigung und wird als toter Schatz am Wege liegen bleiben, wenn er nicht zuvor durch das Gemüt und die Fantasie des Dichters seinen Weg genommen und dort Wärme und Farbe und womöglich körperliche Gestalt gewonnen hat. – An solchen toten Schätzen sind wir überreich. [...]

Lyrikauffassung

Theodor Storm hielt am persönlichen Erlebnis als Ausgangspunkt für die dichterische Produktion fest. Seine Lyrik ist **Erlebnislyrik:**

- Der Dichter schafft das Werk aus einer Stimmung heraus, er gestaltet Augenblicke aus dem persönlichen Erlebnis.
- Die Dichtung soll den Leser „unmittelbar" ansprechen, er findet zuerst einen sinnlichen Zugang zu ihr, keinen rationalen.
- Der zentrale Gedanke eines Gedichts (der „Gedankengehalt") wird durch die Fantasie des Dichters verwandelt zu einem Text, der sinnlich erfasst werden kann („Wärme und Farbe").
- Dichtung soll keine Gedankenlyrik sein, in der weltanschauliche Ideen oder philosophische Themen gestaltet werden. Der Bezug zum persönlichen Erleben bleibt immer gewahrt.

Bezug zum Realismus

Storms Bevorzugung des Gedichts als „vollendetste" Form, das Leben durch das Kunstwerk zu vermitteln, stehen auf den ersten Blick im Widerspruch zu der Forderung des Realismus nach objektiver Darstellung der Wirklichkeit. Denn Lyrik ist immer subjektiv. Storm betont jedoch, dass die Lyrik immer vom Gegenstand („vom Leben") auszugehen hat, den der Dichter durch seine Fantasie verwandelt. Der Bezug zur Wirklichkeit bleibt dadurch gewahrt.

4

Arbeiten Sie den Aufbau des Textes und die Stimmung des lyrischen Ichs im Gedicht „Meeresstrand" von Theodor Storm heraus.

AFB II

M1 **Theodor Storm: „Meeresstrand"**

Ans Haff nun fliegt die Möwe,
Und Dämmerung bricht herein;
Über die feuchten Watten
Spiegelt der Abendschein.

Graues Geflügel huschet
Neben dem Wasser her;
Wie Träume liegen die Inseln
Im Nebel auf dem Meer.

Ich höre des gärenden Schlammes
Geheimnisvollen Ton,
einsames Vogelrufen –
So war es immer schon.

Noch einmal schauert leise
Und schweiget dann der Wind;
Vernehmlich werden die Stimmen,
Die über der Tiefe sind.

Das Gedicht „Meeresstrand" gestaltet einen Augenblick am Meer in der Abenddämmerung. Die Vorgänge in der Natur, die das lyrische Ich wahrnimmt, geben den Anlass für die Stimmung des lyrischen Ichs.

Aufbau des Gedichts

- Das Gedicht besteht aus vier Strophen mit jeweils vier Zeilen und dem Reimschema abcb. In seiner Schlichtheit ist es formal an die **Volksliedstrophe** angelehnt.
- Strophe 1 und 2 gestalten einen visuellen Eindruck, das Dargestellte kann vom Auge wahrgenommen werden; die Strophen 3 und 4 gestalten einen akustischen Eindruck, das Dargestellte wird mit dem Ohr wahrgenommen.
- Der Angelpunkt ist „Ich", das durch seine herausgehobene Stellung am Beginn der dritten Strophe genau im Zentrum des Gedichts auftaucht.

Der Übergang von der Oberfläche in die Tiefe

- Die erste Strophe beschreibt den Schauplatz des Gedichts durch Präposition und Substantiv: „ans Haff", „über den Watten". Es ist der Übergang vom Land zum Meer (vgl. auch den Titel „Meeresstrand").
- Auch die Tageszeit ist die eines Übergangs vom Tag zur Nacht. Die fest umrissenen Konturen lösen sich auf, die Farben verdunkeln, das lyrische Ich nimmt keine Möwe wahr, sondern „graues Geflügel".

- Auch die Wahrnehmung ist von einem Übergang geprägt. Sie bewegt sich vom konkreten äußeren Ort in einen seelischen Raum. Mit den „Träume[n]“ in Zeile 7 wird die konkrete Ebene verlassen. Ziel ist die „Tiefe“, die sowohl Tiefe des Meeres als auch Tiefe der Geschichte („So war es immer schon“) als auch die Tiefe des Ichs sein kann.
- Die Wahrnehmung des lyrischen Ichs geht vom Konkreten und Erfahrbaren hin zu den Tiefen des Seins, über das Erleben der Oberfläche durch das Sehen bis hin zum Erleben der Tiefenstruktur über das Hören.

Stimmung des lyrischen Ichs

Das lyrische Ich ist bewegungsloser Beobachter der Natur, aber nicht Teil von ihr. Seine Stimmung ist geprägt von dem Gefühl der Einsamkeit. Das Gedicht gestaltet den Moment am Tag, in dem die Natur dunkel und stumm wird. Nur die Töne, die aus der Tiefe kommen (der Ton des „gärenden Schlammes“ und der „Stimmen“), sind am Ende zu vernehmen.

5

Beschreiben Sie die Beziehung zwischen dem Dichter und der ihn umgebenden Wirklichkeit in Arno Holz' „Phantasus".

AFB II

M1 **Arno Holz: „Phantasus" (1886)**

Ihr Dach stieß fast bis an die Sterne,
Vom Hof her stampfte die Fabrik,
Es war die richtige Mietskaserne
Mit Flur und Leiermannsmusik!
Im Keller nistete die Ratte
Parterre gab's Branntwein, Grog und Bier,
Und bis ins fünfte Stockwerk hatte
Das Vorstadtelend sein Quartier.

Dort saß er nachts vor seinem Lichte
– Duck nieder, nieder, wilder Hohn! –
Und fieberte und schrieb Gedichte,
Ein Träumer, ein verlorner Sohn!
Sein Stübchen konnte grade fassen
Ein Tischchen und ein schmales Bett;
Er war so arm und so verlassen
Wie jener Gott aus Nazareth!

Doch pfiff auch dreist die feile Dirne,
Die Welt, ihn aus: „Er ist verrückt!"
Ihm hatte leuchtend auf die Stirne
Der Genius seinen Kuss gedrückt.
Und wenn von holdem Wahnsinn [trunken
Er zitternd Vers an Vers gereiht,
Dann schien auf ewig ihm versunken
Die Welt und ihre Nüchternheit.

In Fetzen hing ihm seine Bluse,
Sein Nachbar lieh ihm trocknes Brot,
Er aber stammelte: O Muse!
Und wusste nichts von seiner Not.
Er saß nur still vor seinem Lichte,
Allnächtlich, wenn der Tag entflohn,
Und fieberte und schrieb Gedichte,
Ein Träumer, ein verlorner Sohn!

Das Milieu

Mit naturalistischer Detailgenauigkeit wird eine Szene in einer Mietskaserne in der Großstadt geschildert. Sie ist geprägt von Schmutz, Lärm, Gestank, Alkoholismus, Prostitution, sozialem Elend.

Der Dichter

Der Dichter, der in einer engen Dachkammer haust und dem es am nötigsten (Kleidung, Essen) fehlt, teilt nur äußerlich das Elend der Arbeiter. Seine Welt in der Stube, die mit dem Verweis auf die Inspiration durch „Genius" und „Muse" auf ein klassisch-romantisches Kunstideal anspielt, kontrastiert zu der brutalen Realität außerhalb. Doch wird seine Dichterwelt als Flucht aus der Realität entlarvt. Für seine Umgebung ist er „verrückt" und ein „Träumer". Seine Kunst wird das soziale Elend nicht lösen können.

6

AFB II

Untersuchen Sie die Sprache in der Erzählung „Papa Hamlet" von Arno Holz und Johannes Schlaf.

M1 **Arno Holz / Johannes Schlaf: „Papa Hamlet" (1889); Auszug**

Was? Das war Niels Thienwiebel? Niels Thienwiebel, der große, unübertroffene Hamlet aus Trondhjem? Ich esse Luft und werde mit Versprechungen gestopft? Man kann Kapaunen nicht besser mästen? ...
„He! Horatio!"
„Gleich! Gleich, Nielchen! Wo brennt's denn? Soll ich die Skatkarten mitbringen?"
„N...ein! Das heißt ..."
– – „Donnerwetter noch mal! Das, das ist ja eine, eine – Badewanne!"
Der arme kleine Ole Nissen wäre in einem Haar über sie gestolpert. Er hatte eben die Küche passiert und suchte jetzt auf allen vieren nach seinem blauen Pincenez herum, das ihm wieder in der Eile von der Nase gefallen war.
„Hä? Was? Was sagste nu?!"
„Was denn, Nielchen? Was denn?"
„Schafskopp!"
„Aber Thiiienwiebel!"
„Amalie?! Ich ..."
„Ai! Kieke da! Also döss!" [...]

Kennzeichen der Sprache

Die einzelnen Sätze und Satzfragmente lassen sich nicht eindeutig einem Sprecher zuordnen. Nur die Anreden und der Handlungsablauf geben Hinweise, sodass sich mindestens vier Sprecher ausmachen lassen.
Die Sätze des Erzählers sind noch einer konventionellen **Literatursprache** ähnlich, das Gespräch jedoch ist durch die **Alltagssprache** geprägt. Diese Alltagssprache ist keine künstliche Form des Sprechens, sondern eine unverstellte Sprechweise. Sie hat folgende Kennzeichen:

- Dialekt wie z. B. „Kiek' da!"
- Soziolekt wie z. B. „Hä?"
- Ellipse, d. h. durch Auslassungszeichen („...") gekennzeichnete fehlende Worte oder Satzteile
- Aposiopese, d. h. eine mit der Ellipse eng verbundene rhetorische Figur, die das überraschende Verstummen oder das Abbrechen eines Satzes inmitten einer Rede bezeichnet („Das heißt ...")
- Anakoluth, d. h. ein Satzbruch, bei dem Beziehung zwischen Satzanfang und Satzende fehlt, wie z. B. „Amalie?! Ich ..."

6

Fortsetzung: Untersuchen Sie die Sprache in der Erzählung „Papa Hamlet" von Arno Holz und Johannes Schlaf.

AFB II

- Affektives Sprechen durch Vokaldehnung in „Aber Thiiienwiebel!"
- Wortwiederholungen, wie z. B. „Das, das ist ja eine, eine ..."

Darüber hinaus ist die **Dominanz des Dialogs** auffällig. Es finden sich kaum erzählende Passagen, die erzählte Handlung wird hauptsächlich in den Gesprächen vermittelt. Auf diese Weise verwirklichen Holz und Schlaf den sog. Sekundenstil.

Die Technik des Sekundenstils

Die vom Naturalismus entwickelte Darstellungstechnik strebt die Deckungsgleichheit von Erzählzeit und erzählter Zeit an, um größtmögliche Authentizität zu erreichen.

Bedeutung der Sprache

Die Kennzeichen der Sprache zeigen, dass die Sprecher sowohl von ihrer sozialen Herkunft als auch ihrer momentanen Situation geprägt und dieser auch ausgeliefert sind. Es kommt zu einer Art **deformiertem Sprechen,** das eine gelungene Kommunikation nicht ermöglicht. Aus der gestörten Kommunikation folgt eine **gestörte Interaktion,** da die Figuren nicht mehr in der Lage sind, vernünftig miteinander in Kontakt zu treten.

So lässt sich auch die grenzenlose **Brutalität** und **Aggressivität** Thienwiebels erklären. Er ist eine Figur, die sich einerseits als Künstler versteht, andererseits mit seiner Frau und seinem Sohn Fortinbras in einem typischen Elendsviertel lebt. Er führt eine Doppelexistenz, die durch **Künstlertum** und **Mittellosigkeit** geprägt wird. In diesem Spannungsverhältnis wird er von aggressivem Größenwahn beherrscht.

7

Analysieren Sie die Bühnenanweisungen zu Gerhart Hauptmanns Drama „Die Weber" vor dem Hintergrund der naturalistischen Literaturtheorie.

AFB III

M1 **Gerhart Hauptmann: „Die Weber" (1892), Erster Akt; Auszug**

Ein geräumiges, grau getünchtes Zimmer in Dreißigers Haus zu Peterswaldau. Der Raum, wo die Weber das fertige Gewebe abzuliefern haben. Linker Hand sind Fenster ohne Gardinen, in der Hinterwand eine Glastür, rechts eine ebensolche Glastür, durch welche fortwährend Weber, Weberfrauen und Kinder ab- und zugehen.
Längs der rechten Wand, die, wie die übrigen, größtenteils von Holzgestellen für Parchent verdeckt wird, zieht sich eine Bank, auf der die angekommenen Weber ihre Ware ausgebreitet haben. In der Reihenfolge der Ankunft treten sie vor und bieten ihre Ware zur Musterung. Expedient Pfeifer steht hinter einem großen Tisch, auf welchen die zu musternde Ware vom Weber gelegt wird. Er bedient sich bei der Schau eines Zirkels und einer Lupe. Ist er zu Ende mit der Untersuchung, so legt der Weber den Parchent auf die Waage, wo ein Kontorlehrling sein Gewicht prüft. Die abgenommene Ware schiebt derselbe Lehrling ins Repositorium. Den zu zahlenden Lohnertrag ruft Expedient Pfeifer dem an einem kleinen Tischchen sitzenden Kassierer Neumann jedes Mal laut zu.
Es ist ein schwüler Tag gegen Ende Mai. Die Uhr zeigt zwölf. Die meisten der harrenden Webersleute gleichen Menschen, die vor die Schranken des Gerichts gestellt sind, wo sie in peinigender Gespanntheit eine Entscheidung über Tod und Leben zu erwarten haben. Hinwiederum haftet allen etwas Gedrücktes, dem Almosenempfänger Eigentümliches an, der, von Demütigung zu Demütigung schreitend, im Bewusstsein, nur geduldet zu sein, sich so klein als möglich zu machen gewohnt ist. Dazu kommt ein starrer Zug resultatlosen, bohrenden Grübelns in allen Mienen. Die Männer, einander ähnelnd, halb zwerghaft, halb schulmeisterlich, sind in der Mehrzahl flachbrüstige, hüstelnde, ärmliche Menschen mit schmutzig blasser Gesichtsfarbe: Geschöpfe des Webstuhls, deren Knie infolge vielen Sitzens gekrümmt sind. Ihre Weiber zeigen weniger Typisches auf den ersten Blick; sie sind aufgelöst, gehetzt, abgetrieben – während die Männer eine gewisse klägliche Gravität zur Schau tragen – und zerlumpt, wo die Männer geflickt sind. Die jungen Mädchen sind mitunter nicht ohne Reiz; wächserne Blässe, zarte Formen, große, hervorstehende, melancholische Augen sind ihnen dann eigen.

Das Drama „Die Weber" zeigt ein getreues Bild des Aufstands der schlesischen Weber von 1844. Jeder Akt im Drama wird durch genaue Regieanweisungen eingeleitet, um **Milieu** und **Atmosphäre** so authentisch wie möglich darzustellen. Insgesamt lassen sich folgende Auffälligkeiten der Bühnenanweisungen feststellen:

7

Fortsetzung Analysieren Sie die Bühnenanweisungen zu Gerhart Hauptmanns Drama „Die Weber" vor dem Hintergrund der naturalistischen Literaturtheorie.

AFB III

Exakte Wiedergabe der Realität

Die Bühnenanweisungen entsprechen der naturalistischen Zielsetzung der exakten Wiedergabe der Realität, indem sie genaue Angaben machen zu:

- Raumgestaltung,
- Requisiten auf der Bühne sowie deren Farbe und Beschaffenheit,
- Figuren und deren Gestik, Mimik, Haltung, Kleidung, innere Einstellung,
- Tätigkeit der Figuren auf der Bühne,
- Abläufe (Auftritte, Abtritte).

Symbolische Bedeutung

Die Requisiten sowie das Aussehen und Verhalten der Figuren haben meist eine symbolische Bedeutung:

- die Uhr, die zwölf zeigt, und die Schwüle wie vor einem Gewitter (Hinweis auf den bevorstehenden Aufstand);
- die Webersleute, die wie „vor Schranken des Gerichts gestellt" sind (Hinweis auf Unterdrückung);
- gekrümmte Knie (Hinweis auf Demütigung).

Diese Form der Regieanweisung geht über die üblichen Hinweise hinaus und hebt den Nebentext auf eine stark deutende, interpretatorische Ebene.

Kunst = Natur – X

Arno Holz definierte Kunst als Natur abzüglich des Faktors X, wobei X die künstlerischen Mittel sind. Nach Holz soll X möglichst klein sein, um die Kunst der Natur, also der Wirklichkeit, so weit wie möglich anzunähern.

Die Definition des naturalistischen Kunstverständnisses in Form einer mathematischen Gleichung verdeutlicht die starke Ausrichtung an den exakten Naturwissenschaften. Zusammen mit Johannes Schlaf begründete Arno Holz in den theoretischen Schriften den konsequenten Naturalismus.

8

AFB III

Interpretieren Sie das vorliegende Gedicht von Conrad Ferdinand Meyer hinsichtlich seiner Bedeutung als Vorläufergedicht des Symbolismus.

M1 **Conrad Ferdinand Meyer: „Zur neuen Ausgabe“ (1892)**

Mit dem Stifte les ich diese Dinge,
Auf der Rasenbank im Freien sitzend,
Plötzlich zuckt mir einer Vogelschwinge
Schatten durch die Lettern freudig blitzend.

Was da steht, ich hab es tief empfunden
Und es bleibt ein Stück von meinem Leben –
Meine Seele flattert ungebunden
Und ergötzt sich drüberhinzuschweben.

Conrad Ferdinand Meyer wird häufig als Vorläufer der symbolischen Lyrik gesehen, indem er die Stimmungslyrik in einen anderen Bereich hebt, an die nachfolgenden avantgardistischen Ausdrucksformen anknüpft. Das vorliegende Gedicht zeigt, dass Meyer sich der **Tradition des Realismus verbunden** fühlt, sie aber **gleichzeitig auch überschreitet.**

- In der ersten Strophe wird eine realistische Situation gestaltet. Ein Autor überarbeitet einen Text, während er im Freien auf einer Bank sitzt.
- Ein plötzliches Ereignis unterbricht seine Tätigkeit: Das Schattenspiel eines vorbeifliegenden Vogels „zuckt“ über die Druckbuchstaben. Ein Reflexionsprozess wird dadurch in Gang gesetzt.
- Das lyrische Ich reflektiert das Gelesene: Es ist das Resultat eines „tief empfunden[en]“ Erlebnisses. Es ist Erlebnislyrik, die den Bezug zum „Leben“ bewahrt.
- Der Gedankenstrich initiiert eine Distanzierung von der ursprünglichen Unmittelbarkeit des lyrischen Sprechens. Diese Distanzierung wird durch das Schweben und das ungebundene Flattern ins Bild gebracht. Die beiden Begriffe greifen das Bild des Vogels wieder auf. Die Seele und der Vogel der ersten Strophe treten dadurch symbolisch miteinander in Verbindung.
- Das Gedicht vollzieht somit durch das Abgleiten ins Symbolische eine Distanzierung von der von den Autoren des Realismus geforderten Objektivität der Lyrik.

Setzen Sie sich auf der Grundlage des vorliegenden Textauszugs mit dem Frauenbild in dem Roman „Effi Briest" von Theodor Fontane auseinander.

AFB III

M1 **Theodor Fontane: „Effi Briest" (1895); Auszug**

„... Und nun deine Zukunft, meine liebe Effi. Du wirst dich auf dich selbst stellen müssen und darfst dabei, soweit äußere Mittel mitsprechen, unserer Unterstützung sicher sein. Du wirst am besten in Berlin leben (in einer großen Stadt vertut sich dergleichen am besten) und wirst da zu den vielen gehören, die sich um freie Luft und lichte Sonne gebracht haben. Du wirst einsam leben und wenn du das nicht willst, wahrscheinlich aus deiner Sphäre herabsteigen müssen. Die Welt, in der du gelebt hast, wird dir verschlossen sein. Und was das Traurigste für uns und für dich ist (auch für dich, wie wir dich zu kennen vermeinen) – auch das elterliche Haus wird dir verschlossen sein; wir können dir keinen stillen Platz in Hohen-Cremmen anbieten, keine Zuflucht in unserem Hause, denn es hieße das, dies Haus von aller Welt abschließen, und das zu tun, sind wir entschieden nicht geneigt. Nicht, weil wir zu sehr an der Welt hingen und ein Abschiednehmen von dem, was sich ‚Gesellschaft' nennt, uns als etwas unbedingt Unerträgliches erschiene; nein, nicht deshalb, sondern einfach, weil wir Farbe bekennen und vor aller Welt, ich kann dir das Wort nicht ersparen, unsere Verurteilung deines Tuns, des Tuns unseres einzigen und von uns so sehr geliebten Kindes, aussprechen wollen ..."

Effis Schicksal nach der Scheidung

Der vorliegende Text ist der Auszug aus einem Brief, in dem die Mutter die wegen ihres Seitensprungs geschiedene Effi über die im Elternhaus gefallenen Entscheidungen über Effis Zukunft informiert.

- Effi wird von den Eltern und von der Gesellschaft aufgrund der gesellschaftlichen Konventionen geächtet und verstoßen.
- Sie verliert ihre Tochter und ist finanziell von den Almosen ihrer Eltern abhängig.
- Sie wird in die Stadt abgeschoben, wo ihr peinlicher Fall kein Aufsehen erregt, da sie eine von vielen ist, die moralische Fehltritte begangen haben.
- Ihr drohen Armut und Einsamkeit.
- Die moralische Verurteilung von Effis Verhalten ist den Eltern wichtiger als die Liebe zu ihrem Kind.

Frauenbild

Fontanes Roman spiegelt die für seine Zeit typische Rollenzuweisung für die beiden Geschlechter wider:

9

Fortsetzung: Setzen Sie sich auf der Grundlage des vorliegenden Textauszugs mit dem Frauenbild in „Effi Briest“ von Theodor Fontane auseinander.

AFB III

- Eine Frau hat sich stets **tugendhaft** zu verhalten.
- Sie ist **rechtlos** (Effi verliert ihr Kind).
- Sie ist von ihrem Ehemann oder von den Eltern **wirtschaftlich abhängig** (Sie muss in Berlin von den Almosen der Eltern leben).
- Ohne Eltern oder Ehemann ist sie **mittellos** (Nach der Scheidung hat sie keinen Anspruch auf Teile des Vermögens).
- Sie trifft keine eigenen Entscheidungen, sondern untersteht der Autorität des Vaters oder Ehemanns. Ihre gesellschaftliche Stellung verlangt von ihr die **Unterordnung** unter die Autorität des Vaters oder des Ehemanns (Effi hat die Entscheidung, die im Elternhaus über sie gefällt wurde, zu befolgen).
- Die Eltern treffen die **Partnerwahl,** die Frau wird ohne ihr Einverständnis verheiratet.
- Der Ehemann hat die **Vormundschaft** über sie. Ohne die Zustimmung des Ehemanns darf sie weder Rechtsgeschäfte noch einen Beruf ausüben.
- Sie ist **gehorsam,** sie unternimmt nichts ohne die Einwilligung ihres Ehemanns.
- Sie hat keine **Privatsphäre.** Der Ehemann darf ihre Briefe öffnen und sie züchtigen, ohne dafür selbst sanktioniert zu werden.
- Ihre **soziale Stellung** hängt von ihrer **Tugend** ab. Während Instetten, der im Duell den Liebhaber seiner Frau getötet hat, nach einigen Wochen wieder in Amt und Würden ist, bedeutet Effis Fehltritt für sie sozialen Abstieg.

KAPITEL 10

Literatur der Jahrhundertwende, Expressionismus, Weimarer Republik

Alle Fragen im Überblick

AFB I

1 **Skizzieren Sie** die Kennzeichen der Literatur der Jahrhundertwende.

2 **Fassen Sie** vor dem Hintergrund des Gedichts „Der Gott der Stadt" von Georg Heym **zusammen,** welche Bedeutung dem Lebensraum Stadt zukommt.

3 **Zeigen Sie** die wesentlichen Unterschiede zwischen dem aristotelischen und dem epischen Theater **auf.**

AFB II

4 **Stellen Sie** anhand des Essays „Ein Brief" **dar,** welche Fähigkeiten dem fiktiven Briefeschreiber abhanden gekommen sind.

5 **Untersuchen Sie,** wie sich Friedrich Nietzsches Bestimmungen des Dionysischen und Apollinischen auf Gustav von Aschenbach in Thomas Manns Novelle „Tod in Venedig" beziehen lassen.

6 **Arbeiten Sie** die typischen Merkmale von Rilkes Gedicht „Der Panther" **heraus.**

7 **Untersuchen Sie** die Erzähltechniken in Alfred Döblins Roman „Berlin Alexanderplatz" anhand des vorliegenden Textauszugs.

8 **Beschreiben Sie** Stefan Georges Dichtungsbegriff anhand des Textauszugs.

AFB III

9 **Analysieren Sie** Heinrich Manns Roman „Professor Unrat" im Hinblick auf die Brüchigkeit der bürgerlichen Gesellschaft.

10 **Interpretieren Sie** anhand des Textauszugs die Bedeutung des Erzählverhaltens und der Erzählhaltung für Franz Kafkas Roman „Der Prozeß".

11 **Interpretieren Sie** Georg Trakls Gedicht „Verfall".

12 **Prüfen Sie** die Relevanz des Textes „Der Rundfunk als Kommunikationsapparat" von Bertolt Brecht für die heutige Zeit.

1

AFB I

Skizzieren Sie die Kennzeichen der Literatur der Jahrhundertwende.

Die Literatur am Ende des 19. Jahrhunderts ist von verschiedenen Stilrichtungen geprägt, denen eine ästhetizistische Haltung gemeinsam ist, die sich gegen die vom Naturalismus geforderte Darstellung der objektiven Welt und sozialer Konflikte wendet und stattdessen die Gestaltung einer künstlichen Welt des schönen Scheins bevorzugt.

Impressionismus

Der Begriff wurde von der bildenden Kunst übernommen und bezeichnet eine Literatur mit folgenden Merkmalen:

- Dominanz des Subjektiven anstatt äußere Handlung,
- Beschreibung von Seelenzuständen und eine detaillierte Wiedergabe des Augenblicks mittels einer lautmalerischen Sprache.
- Bevorzugte Formen: Skizze, Novelle, Einakter und Gedichte.
- Autoren: Richard Dehmel, Detlev von Liliencron und Arthur Schnitzler.

Symbolismus

Die literarische Strömung entstand 1860 in Frankreich und wird v. a. mit der Lyrik von Stefan George in Verbindung gebracht. Kennzeichen sind:

- Kunst ist zweckfrei, ohne politische oder gesellschaftliche Bezüge.
- Symbole erzeugen eine autonome Welt des Schönen **(L'art pour l'art).** Sie lassen die geheimnisvollen Zusammenhänge hinter den Dingen erahnen.
- Die Lyrik verzichtet auf Reim und Versform und setzt auf Klangwirkung.

Dekadenzliteratur

Die Stilrichtung prägt das Bewusstsein des Niedergangs der Kultur am Ende des 19. Jahrhunderts **(Fin de Siècle).** Themen und Kennzeichen:

- Krankheit, Tod, der Hang zu Traum, Rausch und Perversion,
- Gestaltung von Seelenzuständen nervös überspannter Figuren.
- Vertreter: Hugo von Hofmannsthal, Rainer Maria Rilke, Arthur Schnitzler.

Neuromantik

Autoren wie Ricarda Huch, Hermann Hesse oder Stefan Zweig werden der Neuromantik zugeordnet, da ihre Werke tendenziell von Irrationalismus, Individualismus und Ästhetizismus geprägt sind.

Fassen Sie vor dem Hintergrund des Gedichts „Der Gott der Stadt" von Georg Heym zusammen, welche Bedeutung dem Lebensraum Stadt zukommt.

AFB I

M1 **Georg Heym: „Der Gott der Stadt" (1911)**

Auf einem Häuserblocke sitzt er breit.
Die Winde lagern schwarz um seine Stirn.
Er schaut voll Wut, wo fern in Einsamkeit
Die letzten Häuser in das Land verirrn.

Vom Abend glänzt der tote Bauch dem Baal
Die großen Städte knien um ihn her.
Der Kirchenglocken ungeheure Zahl
Wogt auf zu ihm aus schwarzer Türme [Meer.
Wie Korybanten-Tanz dröhnt die Musik
Der Millionen durch die Straßen laut.
Der Schlote Rauch, die Wolken der Fabrik
Ziehn auf zu ihm, wie Duft von Weihrauch [blaut.

Das Wetter schwelt in seinen Augenbrauen.
Der dunkle Abend wird in Nacht betäubt.
Die Stürme flattern, die wie Geier schauen
Von seinem Haupthaar, das im Zorne [sträubt.

Er streckt ins Dunkel seine Fleischer [faust.
Er schüttelt sie. Ein Meer von Feuer jagt
Durch eine Straße. Und der Glutqualm [braust
Und frisst sie auf, bis spät der Morgen [tagt.

Die Literatur des Expressionismus war zu Beginn weitgehend von der Lyrik geprägt. In den Gedichten ging es nicht mehr um die Gestaltung des Schönen, sondern v. a. um den **intensiven Ausdruck des inneren Erlebens der Außenwelt.** Die Großstadt ist eines der bedeutendsten Themen.

- In dem Gedicht „Der Gott der Stadt" erscheint die Stadt als dunkler Moloch, der alles verschlingt.
- Die Straßen sind voll von Lärm (die „Musik" der Millionen „dröhnt").
- Die Luft ist von Fabrikschornsteinen verschmutzt („der Schlote Rauch, die Wolken der Fabrik").
- Die Farbe Schwarz dominiert, alles ist „dunkel".
- Der „Gott der Stadt" ist kein gütiger, wohlwollender Gott, sondern er ist voll „Wut" und „Zorn".
- Der Lebensraum Stadt ist ein Ort des Verderbens, der Zerstörung und des Todes („Stürme […], die wie Geier schauen"; alles vernichtendes Feuer).
- Die Stadt erinnert an das letzte Inferno, sie ist ein höllengleicher Ort der Verdammnis, von dem es kein Entkommen gibt. Der Mensch kämpft vergebens um sein Überleben.

3

AFB I

Zeigen Sie die wesentlichen Unterschiede zwischen dem aristotelischen und dem epischen Theater auf.

In den 1920er-Jahren entwickelte Bertolt Brecht das **epische Theater,** das sich vom klassischen aristotelischen Theater unterscheidet. Mithilfe des sog. **Verfremdungseffekts (V-Effekt)** soll der Zuschauer den nötigen Abstand zum Geschehen bekommen, damit er selbst zu Erkenntnissen kommt und nach Lösungen sucht.

	aristotelisches Theater	episches Theater
äußerer Aufbau	strenger Aufbau in (drei/fünf) Akte und Szenen	lockere Szenen- oder Bilderfolge; Unterbrechung durch Songs oder Erzähler
Handlung	geschlossene Entwicklungshandlung	offenes Ende, kein Spannungsbogen in der Handlung
Darsteller	Darsteller verkörpern ihre Rollen.	Darsteller führen ihre Rollen vor.
Ort/Zeit	Einheit von Ort, Zeit und Handlung (Ablauf der Handlung an einem Schauplatz innerhalb eines überschaubaren Zeitrahmens)	Verzicht auf die Einhaltung der drei Einheiten (verschiedene Schauplätze, Zeitsprünge, Rückblenden usw.)
Verhältnis von Publikum und Bühnengeschehen	Identifikation und Mitfühlen mit dem Helden	kritische Distanz zu den Figuren auf der Bühne durch den V-Effekt
Wirkungsabsicht	Erregung von Furcht und Mitleid, moralische Läuterung (Katharsis)	Veränderung der gesellschaftlichen Verhältnisse durch die im Theater gewonnenen Erkenntnisse
Beispiele	Gotthold Ephraim Lessing: „Emilia Galotti“	Bertolt Brecht: „Mutter Courage und ihre Kinder“

Stellen Sie anhand des Essays „Ein Brief" dar, welche Fähigkeiten dem fiktiven Briefeschreiber abhanden gekommen sind.

AFB II

M1 **Hugo von Hofmannsthal: „Ein Brief" (1902); Auszug**

Mein Fall ist, in Kürze, dieser: Es ist mir völlig die Fähigkeit abhanden gekommen, über irgendetwas zusammenhängend zu denken oder zu sprechen.
Zuerst wurde es mir allmählich unmöglich, ein höheres oder allgemeineres Thema zu besprechen und dabei jene Worte in den Mund zu nehmen, deren sich doch alle Menschen ohne Bedenken geläufig zu bedienen pflegen. Ich empfand ein unerklärliches Unbehagen, die Worte „Geist", „Seele" oder „Körper" nur auszusprechen. Ich fand es innerlich unmöglich, über die Angelegenheiten des Hofes, die Vorkommnisse im Parlament, oder was Sie sonst wollen, ein Urteil herauszubringen. Und dies nicht etwa aus Rücksichten irgendwelcher Art, denn Sie kennen meinen bis zur Leichtfertigkeit gehenden Freimut: sondern die abstrakten Worte, deren sich doch die Zunge naturgemäß bedienen muss, um irgendwelches Urteil an den Tag zu geben, zerfielen mir im Mund wie modrige Pilze. [...]

In dem in Briefform gehaltenen Essay „Ein Brief", dem sog. **„Chandosbrief",** geht es um die Unfähigkeit, Gesehenes und Gedachtes angemessen zu versprachlichen.

- Erfahrung des Verlusts: Wörter können die Wirklichkeit nicht mehr eindeutig und angemessen erfassen.
- Vor allem Wörter, die abstrakte, „allgemeinere" Begriffe sind, werden als ungenügend empfunden. Das Sprechen über religiöse oder metaphysische Themen („Geist", „Seele", „Körper") wird unmöglich.
- Auch das Urteilen über politische oder gesellschaftliche Sachverhalte („Angelegenheiten des Hofes", „Vorkommnisse im Parlament") gelingt nicht mehr.
- Der Zusammenhang zwischen Wirklichkeit und Wort bzw. zwischen Bezeichnetem und Bezeichnendem ist gestört. Das ursprüngliche Vertrauen in die Welt, das u. a. durch Sprache hergestellt wird, ist gebrochen.
- Diese Unfähigkeit, sich sprachlich mit der Außenwelt in Verbindung zu setzen, Urteile zu fällen oder auf Urteile bezüglich der eigenen Person zu reagieren, führt zu einem Verlust an Werten.

Die **Sprachkritik,** die der Brief formuliert, ist v. a. als Reflexion über Dichtung zu verstehen. Sie bezieht sich auf den Ästhetizismus in der Literatur am Ende des 19. Jahrhunderts und versucht, diesen zu überwinden.

5

AFB II

Untersuchen Sie, wie sich Friedrich Nietzsches Bestimmungen des Dionysischen und Apollinischen auf Gustav von Aschenbach in Thomas Manns Novelle „Tod in Venedig" beziehen lassen.

Friedrich Nietzsches „Geburt der Tragödie aus dem Geist der Musik" bildet die Grundlage für die Unterscheidung des Dionysischen und Apollinischen.

Das Dionysische und das Apollinische

Apollo ist der Gott der Erkenntnis, der Klarheit und des Maßes. Dem **Apollinischen** sind die Plastik, das Gehen und Sprechen, der Traum, die Form, das Vertrauen auf das *principium individuationis,* Kausalität, Selbstgewissheit, Nüchternheit, illusionäre Sicherheit, das maßvolle und kontemplative Leben des Erkennenden zugeordnet.

Dionysos ist der Gott der Verzückung, des Rausches und des Unmaßes. Mit dem **Dionysischen** werden die Musik, das Tanzen und Singen, der Rausch, die Unform, das Zerbrechen des *principium individuationis,* Ewigkeit, heiliger Wahnsinn, Selbstvergessenheit, Verzückung, Grausen, das glühende Leben dionysischer Schwärmer in Verbindung gebracht.

Die beiden Prinzipien in der Novelle „Der Tod in Venedig"

Die Novelle „Der Tod in Venedig" gestaltet die Polarität und den unlösbaren Konflikt von Geist und Leben, Bürger- und Künstlerexistenz in der Figur Gustav von Aschenbachs. Aschenbach lässt sich zunächst dem Apollinischen zuordnen:

- Gustav legt als Künstler zunächst Wert auf Form, Maß, Haltung, Würde und Klassizität.
- Er wünscht Regelhaftigkeit, baut auf Fleiß und strebt nach Bürgerlichkeit und gesellschaftlicher Anerkennung.

Im Laufe der Novelle wird Aschenbach jedoch vom Dionysischen überwältigt. Er gibt sich hemmungslosem Genuss hin und verliert darüber seine Persönlichkeit.

- Er verliert seine bürgerliche Haltung und gesellschaftliche Contenance.
- Er lässt sich von Rausch und Verzückungen leiten, lebt im Chaos und fühlt sich im Tod erst eins mit sich selbst.
- Das dionysische Prinzip wird in zwei Träumen Aschenbachs evident (erstes und fünftes Kapitel), in denen er sich der Unzucht und Raserei hingibt.

Arbeiten Sie die typischen Merkmale von Rilkes Gedicht „Der Panther“ heraus.

AFB II

M1 **Rainer Maria Rilke: „Der Panther“ (1903)**
Im Jardin des Plantes, Paris

Sein Blick ist vom Vorübergehn der Stäbe
so müd geworden, dass er nichts mehr hält.
Ihm ist, als ob es tausend Stäbe gäbe
und hinter tausend Stäben keine Welt.

Der weiche Gang geschmeidig starker Schritte,
der sich im allerkleinsten Kreise dreht,
ist wie ein Tanz von Kraft um eine Mitte,
in der betäubt ein großer Wille steht.

Nur manchmal schiebt der Vorhang der Pupille
sich lautlos auf –. Dann geht ein Bild hinein,
geht durch der Glieder angespannte Stille –
und hört im Herzen auf zu sein.

„Der Panther“ als Dinggedicht

Rainer Maria Rilkes Gedicht „Der Panther“ ist ein typisches Beispiel für ein Dinggedicht.

Dinggedicht

Ein Gedicht, in dem ein sinnlich-fassbarer Gegenstand oder ein Lebewesen objektiv und distanziert beschrieben wird.

Folgende für das Dinggedicht typische Merkmale lassen sich feststellen:

- Der Blick ist ausschließlich konzentriert auf das Tier. Die Stäbe, hinter denen „keine Welt“ ist, machen ihn zu einem begrenzten Objekt.
- Das dichtende Subjekt ist ganz zurückgenommen, es gibt kein lyrisches Ich.
- Nicht der Panter geht an den Stäben vorüber, sondern die Stäbe an seinem Blick. Dadurch wird der Panter statisch, quasi zu einem Gegenstand.

Der Panter selbst ist durch die Gefangenschaft buchstäblich zu einem „toten“ Gegenstand geworden. Seine Lebendigkeit, seine Kraft, sein Wille sind „betäubt“; Bilder der Außenwelt hören „im Herzen auf zu sein“.

7

Untersuchen Sie die Erzähltechniken in Alfred Döblins Roman „Berlin Alexanderplatz“ anhand des vorliegenden Textauszugs.

AFB II

M1 Alfred Döblin: „Berlin Alexanderplatz“ (1929); Auszug

Er stand vor dem Tor des Tegeler Gefängnisses und war frei. Gestern hatte er noch hinten auf den Äckern Kartoffeln geharkt mit den andern, in Sträflingskleidung, jetzt ging er im gelben Sommermantel, sie harkten hinten, er war frei. Er ließ Elektrische auf Elektrische vorbeifahren, drückte den Rücken an die rote Mauer und ging nicht. Der Aufseher am Tor spazierte einige Male an ihm vorbei, zeigte ihm seine Bahn, er ging nicht. Der schreckliche Augenblick war gekommen (schrecklich, Franze, warum schrecklich?), die vier Jahre waren um. Die schwarzen eisernen Torflügel, die er seit einem Jahre mit wachsendem Widerwillen betrachtet hatte (Widerwillen, warum Widerwillen), waren hinter ihm geschlossen. Man setzte ihn wieder aus. Drin saßen die andern, tischlerten, lackierten, sortierten, klebten, hatten noch zwei Jahre, fünf Jahre. Er stand an der Haltestelle.

Die Strafe beginnt.

[...] Dann nahm er einen Anlauf und saß in der Elektrischen. [...] Der Wagen machte eine Biegung, Bäume, Häuser traten dazwischen. Lebhafte Straßen tauchten auf, die Seestraße, Leute stiegen ein und aus. In ihm schrie es entsetzt: Achtung, Achtung, es geht los. Seine Nasenspitze vereiste, über seine Backe schwirrte es. „Zwölf Uhr Mittagszeitung“, „B.Z.“, „Die neuste Illustrirte“, „Die Funkstunde neu“, „Noch jemand zugestiegen?“ Die Schupos haben jetzt blaue Uniformen. [...]

(Alfred Döblin: Berlin Alexanderplatz © S. Fischer Verlag GmbH, Frankfurt am Main, 1930)

Alfred Döblin versuchte in dem Zeit- oder Gegenwartsroman „Berlin Alexanderplatz“ ein möglichst umfassendes und anschauliches Bild der Gegenwart in der Großstadt Berlin zu geben. Döblin verwendet eine Vielzahl von literarischen Verfahren, um die Vielschichtigkeit der Wirklichkeit angemessen darstellen zu können. Die wichtigsten Erzähltechniken sind Simultantechnik und Montage.

Simultantechnik und Montage

Mit der **Simultantechnik** werden gleichzeitig stattfindende Geschehnisse oder Handlungen dargestellt. Die lineare Abfolge des Erzählverlaufs ist durchbrochen.

Bei der **Montage (Collage)** werden unterschiedliche Textteile (z.B. Reklametexte oder Zeitungsschlagzeilen) zusammengefügt in einer Art Materialsammlung. Die Montage wird häufig für die Simultantechnik verwendet.

Fortsetzung: Untersuchen Sie die Erzähltechniken in Alfred Döblins Roman „Berlin Alexanderplatz" anhand des vorliegenden Textauszugs.

AFB II

Franz Biberkopf ist nach seiner Entlassung aus dem Gefängnis unterschiedlichen Reizen, die von dem Leben in der Großstadt ausgehen, ausgesetzt. Dass er mit dieser Situation überfordert ist, zeigt sich in der Art seiner Wahrnehmung der Großstadtrealität. Döblin gestaltet dieses Unbehagen durch verschiedene Erzähltechniken.

Tempuswechsel

Die Szene beginnt im Präteritum. Mit dem Satz „Die Strafe beginnt" wechselt das Tempus ins Präsens, um sofort darauf wieder ins Präteritum zurückzukehren.

Bedeutung: Der Satz ist eine Art innere Stimme, die Biberkopf aus seiner Lethargie befreit, sodass er endlich auf die Straßenbahn aufspringt. Gleichzeitig zieht der Satz eine Art paradoxes Fazit: Eigentlich ist das Gefängnis der Ort, an dem eine „Strafe beginnt". Für Biberkopf ist nach dem geordneten Leben im Gefängnis die Großstadt der Ort, an dem die Strafe vollzogen wird. Seine neue Freiheit ist nur scheinbar Freiheit, der Sog der Großstadt in Form der Straßenbahn reißt ihn mit.

Montage

Geräusche, Reklametexte, Schlagzeilen werden flüchtig als Bruchstücke der Umwelt wahrgenommen. Es kommt zu raschen Wechseln von unterschiedlichen (visuellen und akustischen) Eindrücken, Gedanken und Gefühlen.

Bedeutung: Die Welt der Großstadt existiert für Biberkopf nur als kleinste Partikel, die er, je nach Aufenthaltsort, wahrnehmen kann; er ist nicht imstande, ein einheitliches Bild wahrzunehmen.

Innerer Monolog

Biberkopf hat die Ordnung im Gefängnis verlassen. In der Großstadt ist er völlig handlungsunfähig, dem Chaos hilflos ausgesetzt. Das Geschehen passiert ihm, er ist nicht Herr der Situation.

Bedeutung: Biberkopf bleibt nur eine Möglichkeit der Kommunikation mit sich selbst. In stummen, rein gedanklichen Gesprächen führt er einen Monolog mit sich selbst, wodurch sein Bewusstseinszustand deutlich wird. Der innere Monolog führt zu einem **Perspektivenwechsel.**

8

AFB II

Beschreiben Sie Stefan Georges Dichtungsbegriff anhand des Textauszugs.

M1 Stefan George: „Blätter für die Kunst" (1892); Auszug

Der name dieser veröffentlichung sagt schon zum teil was sie soll: der kunst besonders der dichtung und dem schrifttum dienen, alles staatliche und gesellschaftliche ausscheidend.
Sie will die *geistige Kunst* auf grund der neuen fühlweise und mache – eine kunst für die kunst – und steht deshalb im gegensatz zu jener verbrauchten und minderwertigen schule die einer falschen auffassung der wirklichkeit entsprang. sie kann sich auch nicht beschäftigen mit weltverbesserungen und allbeglückungsträumen in denen man gegenwärtig bei uns den keim zu allem neuen sieht, die ja sehr schön sein mögen aber in ein andres gebiet gehören als das der dichtung. [...]

Der Text ist ein Bekenntnis zum Prinzip des **L'art pour l'art,** mit dem Ziel, die Kunst von politischen und gesellschaftlichen Belangen zu lösen und der engagierten Literatur abzusagen.

Stefan Georges Dichtungsbegriff

Stefan Georges Dichtungsbegriff weist folgende Merkmale auf:

- Politisches, Geschichtliches und Gesellschaftliches finden nicht Eingang in die Literatur.
- Die Kunst bzw. Literatur hat keinen Wirklichkeitsbezug. Sie ist nur sich selbst verpflichtet: „eine Kunst für die Kunst" (L'art pour l'art).
- Die Kunst hat keinen Nutzen, sondern ist zweckfrei. Sie kümmert sich nicht um „weltverbesserungen" und „allbeglückungsträume[]". Sie ist **Poésie pure,** also „reine Dichtung", ohne Tendenz.
- Die Kunst gründet auf einer „neuen fühlweise". Die Stimmung ist ihr wesentlicher Inhalt.
- Die Kunst soll sich ausschließlich der Gestaltung des Schönen widmen.

Analysieren Sie Heinrich Manns Roman „Professor Unrat" im Hinblick auf die Brüchigkeit der bürgerlichen Gesellschaft.

AFB III

Heinrich Mann verstand sich Zeit seines Lebens als demokratischer und sozialistischer Schriftsteller, der für Weltoffenheit und gegen den Nationalsozialismus kämpfte. Der Roman „Professor Unrat oder Das Ende des Tyrannen" (1905) thematisiert das Trügerische und die Brüchigkeit der bürgerlichen Gesellschaft.

Der Tyrann und die bürgerlichen Ideale

- Professor Unrat ist die Figur eines preußischen Schultyrannen. Mit harten Strafen und ungerechten Zensuren beherrscht er seine Schüler. Er erfährt sein Glück in der Demütigung anderer.
- Die Schule symbolisiert den wilhelminischen Staat, die Trägheit der Schüler kommt der Trägheit der Untertanen gleich. Unrat hasst seine trägen Schüler wie der Tyrann seine Untertanen, aber nur ihre Trägheit sichert seine Macht.
- Unrat verkörpert zu Beginn die bürgerlichen Ideale: Pflichtgefühl, Disziplin, Ordnung, Sittlichkeit, Gehorsam, Autoritätsgläubigkeit, Bildung, Nationalismus.

Demaskierung der bürgerlichen Welt

- Im Lauf des Romans werden die bürgerlichen Ideale pervertiert. Mit Rosa Fröhlich bricht die Sinnlichkeit in Unrats Leben ein. Mit ihr beginnt der Verfall der guten Sitten bis hin zu Diebstahl, Verbrechen und Entwürdigung.
- Durch seine Heirat mit Rosa Fröhlich verliert Unrat seine bürgerliche Stellung. Der Tyrann verwandelt sich in einen der trägen Untertanen, die er selbst zuvor hasste.
- Fortan ist sein Leben geprägt von dem, was er einst bekämpfte: Freizügigkeit, Faulheit, Sinnlichkeit, Erotik, Anarchismus.
- Professor Unrat personifiziert durch sein Tun eine zutiefst heruntergekommene Bürgerlichkeit. Was sich zunächst hinter der Fassade abspielt (Blauer Engel), erscheint nach Unrats Wandlung unverhüllt. Seine Villa wird zu einem Treffpunkt zwielichtiger Gestalten für erotische Ausschweifungen und verbotene Glücksspiele.

10

AFB III

Interpretieren Sie anhand des Textauszugs die Bedeutung des Erzählverhaltens und der Erzählhaltung für Franz Kafkas Roman „Der Prozeß“.

M1 **Franz Kafka: „Der Prozeß“ (posthum 1925); Auszug**

[...] „Du bist sehr freundlich zu mir“, sagte K., sie gingen nebeneinander im dunklen Seitenschiff auf und ab. „Du bist eine Ausnahme unter allen, die zum Gericht gehören. Ich habe mehr Vertrauen zu dir als zu irgend jemandem von ihnen, so viele ich schon kenne. Mit dir kann ich offen reden.“ „Täusche dich nicht“, sagte der Geistliche. „Worin sollte ich mich denn täuschen?“ fragte K. „In dem Gericht täuschst du dich“, sagte der Geistliche, „in den einleitenden Schriften zum Gesetz heißt es von dieser Täuschung: [...]“

Erzählverhalten und Erzählhaltung zeigen, dass der Erzähler in der Handlung keine Rolle übernimmt, sondern lediglich die Geschichte der Figur des Angestellten Josef K. berichtet.

Erzählverhalten und Erzählhaltung

Bei dem **Erzählverhalten** unterscheidet man **auktoriales** (= Erzählfigur tritt deutlich in Erscheinung), **personales** (= Erzähler wählt die Perspektive einer Figur) und **neutrales** Erzählverhalten (= der Erzähler erzählt „von außen“). Der Erzähler kann unterschiedliche **Erzählhaltungen** zum Erzählten einnehmen, d. h. Arten, wie er seine Figuren sieht und über sie Auskunft gibt.

Das Geschehen wird dem Leser von einem **neutralen Erzähler** nahegebracht. Er beschreibt das Geschehen nur von außen, Gefühle und Gedanken bleiben unerwähnt. Der Dialog zwischen Josef K. und dem Geistlichen wird unkommentiert in direkter Rede wiedergegeben. Dadurch hat der Leser den Eindruck, unmittelbar Zeuge des Geschehens zu sein. Dementsprechend ist die Erzählhaltung **distanziert** und ohne Kommentar oder Wertung.
Kafka erreicht so die Wirkung, dass das Gelesene, was absurd erscheint, vom Leser akzeptiert wird. So wie auch Josef K. die absurde Situation hinnimmt. Durch die unbewusst erlangte enge Beziehung, die der Leser zu Josef K. über die Erzählhaltung aufbaut, ist er unfähig, die wahre Absurdität zu erkennen. Einerseits hält der Leser formal Abstand zu Josef K., andererseits bleibt er real mit dem Protagonisten verbunden.

Interpretieren Sie Georg Trakls Gedicht „Verfall“.

AFB III

M1 Georg Trakl: „Verfall“ (1913)

Am Abend, wenn die Glocken Frieden läuten,
Folg ich der Vögel wundervollen Flügen,
Die lang geschart, gleich frommen Pilgerzügen,
Entschwinden in den herbstlich klaren Weiten.

Hinwandelnd durch den dämmervollen Garten
Träum ich nach ihren helleren Geschicken
Und fühl der Stunden Weiser kaum mehr rücken.
So folg ich über Wolken ihren Fahrten.

Da macht ein Hauch mich von Verfall erzittern.
Die Amsel klagt in den entlaubten Zweigen.
Es schwankt der rote Wein an rostigen Gittern.

Indes wie blasser Kinder Todesreigen
Um dunkle Brunnenränder, die verwittern,
Im Wind sich fröstelnd blaue Astern neigen.

Form und Sprache des Gedichts

- Orientierung am traditionellen **Sonett,** bestehend aus zwei Quartetten und zwei Terzetten. Die Quartette schildern eine Herbstlandschaft, die vom „Verfall“ unberührt zu sein scheint, erst die Terzette machen den „Verfall“ deutlich. Diese inhaltliche Besonderheit wird durch das Reimschema unterstützt (abba/abba/cdc/dcd).
- Der **fünfhebige Jambus** wird an einigen Stellen durchbrochen, z. B. in den Zeilen 2, 5, 6 und 9. Hier kommt es zur **Inversion,** also zum metrischen Schema eines Trochäus. Dadurch wird die Änderung der Stimmung gewissermaßen metrisch antizipiert.
- Die in den zwei Quartetten verwendeten **Alliterationen** (Zeile 2) und **Assonanzen** weisen auf die Scheinidylle hin, in der das lyrische Ich jeglicher Zeit enthoben zu sein scheint. Es kann sich ganz auf seine Empfindungen konzentrieren. Diese innere Harmonie, fern jeder Unordnung, wird rhythmisch durch das **Zeilenenjambement** verdeutlicht.
- Die Verbindung zwischen den Quartetten und Terzetten und damit der Übergang von der Idylle zum Verfall erfolgt gleitend durch den **Binnenreim** „ich“ und „mich“.

11

AFB III

Fortsetzung: Interpretieren Sie Georg Trakls Gedicht „Verfall".

Das Thema des Verfalls

- Der Vorgang des Verfalls wird zu Beginn des ersten Terzetts eingefangen. Trakl gestaltet mit Bildern, die einer Herbstlandschaft entnommen sind, eine Szene des Abschieds und der Melancholie.
- Die Bilder stehen für Kälte („fröstelnd"), Einsamkeit, Tod („entlaubten Zweigen"), Trauer („klagt"), Vergänglichkeit („Wind", „rostgen Gittern").
- Der Herbst ist das Symbol des „Verfalls" und gleichzeitig des Lebensendes eines Menschen („blasser Kinder Todesreigen").
- Die Naturbilder schaffen ein Bild des Verlustes und der Trauer. Durch die Personifikation der Amsel, die klagt, und der Astern, die frösteln, kommt die Stimmung des lyrischen Ichs in die beiden Terzette. Die Naturlandschaft wird somit auch zur Seelenlandschaft.
- Trotz des „Verfalls" bewahrt die sterbende Natur Momente des Trosts und der Verheißung. Das lyrische Ich kann auf „hellere Geschicke" hoffen. Dieses Hoffen wird durch christliche Metaphern („frommen Pilgerzügen") gestützt. Das lyrische Ich verharrt jedoch in diesem Glauben an etwas Schönes.
- „Verfall" ist aufgrund des Themas und der ausdrucksstarken Bilder ein typisches Gedicht des **Expressionismus.**

Der Begriff Expressionismus

Der Begriff bezeichnet eine in der Literatur, bildenden Kunst und Musik auftretende Strömung zu Beginn des 20. Jahrhunderts, die nach **radikal neuen Ausdrucksformen** (lat. *expressio* „Ausdruck") sucht.

Prüfen Sie die Relevanz des Textes „Der Rundfunk als Kommunikationsapparat" von Bertolt Brecht für die heutige Zeit.

AFB III

M1 **Bertolt Brecht: „Der Rundfunk als Kommunikationsapparat" (1932); Auszug**

[...] Und um nun positiv zu werden, das heißt, um das Positive am Rundfunk aufzustöbern, ein Vorschlag zur Umfunktionierung des Rundfunks: Der Rundfunk ist aus einem Distributionsapparat in einen Kommunikationsapparat zu verwandeln. Der Rundfunk wäre der denkbar großartigste Kommunikationsapparat des öffentlichen Lebens, ein ungeheures Kanalsystem, das heißt, er wäre es, wenn er es verstünde, nicht nur auszusenden, sondern auch zu empfangen, also den Zuhörer nicht nur hören, sondern auch sprechen zu machen und ihn nicht zu isolieren, sondern ihn in Beziehung zu setzen. Der Rundfunk müßte demnach aus dem Lieferantentum herausgehen und den Hörer als Lieferanten organisieren. Deshalb sind alle Bestrebungen des Rundfunks, öffentlichen Angelegenheiten auch wirklich den Charakter der Öffentlichkeit zu verleihen, absolut positiv. [...] Der Rundfunk muß den Austausch ermöglichen. Er allein kann die großen Gespräche der Branche und Konsumenten über die Normung der Gebrauchsgegenstände veranstalten, die Debatten über Erhöhung der Brotpreise, die Dispute der Kommunen. Sollten Sie dies für utopisch halten, so bitte ich Sie, darüber nachzudenken, warum es utopisch ist. [...]

(aus: Gesammelte Werke, Band 18, Schriften zur Literatur und Kunst, © Suhrkamp, Frankfurt am Main, 1990)

Folgende Aspekte können bei der Bearbeitung der Fragestellung berücksichtigt werden:

- Die Forderung Brechts, ein Distributionsgerät zu installieren, sodass Kommunikationsabläufe nicht mehr einseitig stattfinden, sondern mehrseitig, und so tatsächlich Kommunikation möglich ist. In diesem Zusammenhang sollten **moderne Kommunikationsmittel** reflektiert werden, wie z. B. Handy oder das Verfassen und Versenden von E-Mails via Computer und die daraus entstandenen Möglichkeiten, „mehrseitig" zu kommunizieren.
- Aus Brechts Forderung entsteht die Frage, welche Konsequenzen seine Forderung auf die **Politik** hat. „Der Rundfunk muss Austausch ermöglichen", d. h., es wird nicht nur berichtet über die Politik, sondern auf die Fragen der Regierten können Antworten gegeben werden. Für das 21. Jahrhundert gilt es, sich zu überlegen, inwieweit Kommunikation zwischen Regierenden und Regierten im Zeitalter des Computers möglich ist und wo es vielleicht auch zu Missbrauch kommen kann.
- Brecht wünscht sich einen **öffentlichen Diskurs,** der sich mit gesellschaftlich relevanten Problemen beschäftigt. Wenn dies nicht möglich sein sollte, so ist eine Erklärung seitens der Verantwortlichen notwendig.

KAPITEL 11

Literatur von 1933 bis 1945

Alle Fragen im Überblick

AFB I

1 **Stellen Sie dar,** was man unter dem Schlagwort „innere Emigration“ versteht.

2 **Stellen Sie** die Bedeutung der Machtübernahme der Nationalsozialisten 1933 für die Intellektuellen und die Autoren in Deutschland **dar.**

AFB II

3 **Zeigen Sie auf,** inwiefern sich Anna Seghers in dem Roman „Das siebte Kreuz“ mit dem nationalsozialistischen Regime beschäftigt.

4 **Untersuchen Sie** die Position des Schriftstellers anhand von Siegfried Kracauers „Über den Schriftsteller“.

5 **Beschreiben Sie** die Situation der Literaturschaffenden im Exil anhand des Auszugs aus Irmgard Keuns „Bilder aus der Emigration“.

6 **Erläutern Sie** die Funktion des Epilogs in Bertolt Brechts Drama „Der gute Mensch von Sezuan“.

AFB III

7 **Interpretieren Sie** Gottfried Benns Gedicht „Welle der Nacht“.

8 **Analysieren Sie** die Paarbeziehung Faust-Mephisto in Goethes Drama „Faust“ und die Beziehung Höfgen-Ministerpräsident in Klaus Manns Roman „Mephisto“.

9 **Beurteilen Sie** Ricarda Huchs Gedicht „Mein Herz, mein Löwe“ im Hinblick auf die Leserschaft während des Nationalsozialismus.

10 **Analysieren Sie** die Figur des McConnor in Stefan Zweigs „Schachnovelle“.

1

Stellen Sie dar, was man unter dem Schlagwort „innere Emigration" versteht.

AFB I

„Innere Emigration" ist eine Bezeichnung für die Haltung zahlreicher Autoren, die zwischen 1933 und 1945 in Deutschland blieben, obgleich sie in politischer Opposition zum Nationalsozialismus standen und sich von diesem Regime distanzierten, ohne jedoch in den offenen Widerstand zu gehen. Die Bezeichnung „innere Emigration" prägte 1933 Frank Thiess.

Vertreter

Zur inneren Emigration gehörten überwiegend konservative, meist konfessionell gebundene Autoren bürgerlicher Herkunft.

Grund für die „innere Emigration"	Autoren
Beharren auf Traditionen	Ricarda Huch, Jochen Klepper, Ernst Wiechert, Werner Bergengruen
Bleiben aus Hilflosigkeit	Hans Fallada
Schreibverbot	Erich Kästner

Kennzeichen der Literatur

Die Autoren wählten eine Haltung des zurückgezogenen Schreibens, das von folgenden Merkmalen gekennzeichnet ist:

- Entwicklung einer sog. „verdeckten Schreibweise", mit deren Hilfe oppositionelle Inhalte „zwischen den Zeilen" formuliert werden;
- Berufen auf humanistische bzw. christliche Grundwerte und deren moralische Konsequenzen;
- Verhüllen von Kritik in historische, antike, orientalische Themen und Stoffe, damit sie von der Zensur nur schwer nachgewiesen werden konnte. Beliebt war v. a. der historische Roman, in dem Kritik an der nationalsozialistischen Herrschaft geäußert werden konnte, ohne dass es den Autoren nachzuweisen gewesen wäre.

2

AFB I

Stellen Sie die Bedeutung der Machtübernahme der Nationalsozialisten 1933 für die Intellektuellen und die Autoren in Deutschland dar.

Von der Machtergreifung der Nationalsozialisten im Jahre 1933 wurde der Literaturbetrieb nachhaltig beeinflusst. Diese Auswirkungen sahen wie folgt aus:

- Im Zuge der **Gleichschaltung** wurden regimekritische Verlage aufgelöst, Zeitschriften eingestellt, Rundfunk und Presse kontrolliert.
- Mit der **Verhaftung** linker Intellektueller und der **Verbrennung** von Büchern begann die Verfolgung zahlreicher unliebsamer Autoren.

Flucht aus Deutschland

Nach der Machtergreifung der Nationalsozialisten 1933 mussten mehr als 2000 Autoren Deutschland aus politischen oder religiösen Gründen verlassen und ins Exil auswandern. Den deutschen Autoren folgten zwischen 1934 und 1938 auch zahlreiche österreichische Schriftsteller.
Die Zentren der **Exilautoren** waren zunächst Paris, Amsterdam, Prag, Wien und Moskau, nach 1940 die USA, Mexiko, die Schweiz, Schweden, Großbritannien und Palästina.

Literaturbetrieb im Exil

Fern der Heimat entstand im Exil ein eigener Literaturbetrieb. So wurden zahlreiche Verlage gegründet und deutschsprachige Zeitungen und Zeitschriften herausgegeben. Die Autoren im Exil thematisierten die Verhältnisse im Heimatland, d. h., sie beschäftigten sich mit dem Naziregime. Aber auch Exilerfahrungen wurden thematisiert, wie etwa das Leben in einer fremden Gesellschaft und Kultur oder das unsichere Leben als Exilant.

Innere Emigration

Andere Autoren blieben in Deutschland, distanzierten sich jedoch vom nationalsozialistischen Regime, ohne in den offenen Widerstand zu gehen (vgl. Frage 1).

3 **Zeigen Sie auf, inwiefern sich Anna Seghers in dem Roman „Das siebte Kreuz“ mit dem nationalsozialistischen Regime beschäftigt.**

AFB II

Im Mittelpunkt von Anna Seghers' Roman „Das siebte Kreuz“ (1942) steht die Schilderung der Flucht von sieben Häftlingen aus einem nationalsozialistischen Konzentrationslager. Das nationalsozialistische Regime geht durch **Zeit und Ort der Handlung sowie die Gestaltung der Figuren** in die Handlung ein:

- die **historische Situation** in dem Roman: die Handlung spielt 1937, d.h., das nationalsozialistische Regime hatte sich konsolidiert, wodurch es keinerlei Möglichkeiten mehr gab, durch Auflehnung noch etwas an der Situation zu ändern;
- das **Konzentrationslager** Westhofen am Rhein, aus dem die sieben Häftlinge fliehen;
- die **Grausamkeit des Lagerkommandanten,** der, um die anderen Häftlinge massiv einzuschüchtern und abzuschrecken, sieben Kreuze errichten lässt – eines für jeden der entflohenen Häftlinge;
- **die Gestapo,** die vier Häftlinge erfolgreich wieder gefangen nehmen kann; ein weiterer stirbt, bevor er sein Heimatdorf erreicht, und der sechste Häftling stellt sich freiwillig. Dem siebten Häftling gelingt die Flucht aus den scharf bewachten Grenzen des nationalsozialistischen Deutschlands; somit bleibt das siebte Kreuz leer.

Aussagen des Romans

Die erfolgreiche Flucht und das leere siebte Kreuz zeigen eine Auseinandersetzung mit der Zeit, die durch **Hoffnung** und den indirekten Aufruf zum Widerstand geprägt ist. Obwohl Deutschland während der Nazidiktatur scheinbar perfekt organisiert zu sein schien, ist dieses Terrorregime verwundbar und überwindbar, denn einer Figur gelingt die Flucht aus der Hölle.

Der Roman zeigt noch einen weiteren positiven Aspekt dieser Zeit auf. Dem Häftling Georg Heisler gelingt die Flucht nur durch die **Hilfe von Mitmenschen** (Freunde, Verwandte und Gesinnungsgenossen). Sie sehen sich mit dem Problem konfrontiert, ob es erlaubt sei, einen Menschen für einen anderen aufs Spiel zu setzen. Diejenigen, die Heisler auf seinem Leidensweg begleiten und ihm die Freiheit ermöglichen, zeigen, dass es möglich ist, dem feinen Netz eines reibungslos funktionierenden Apparats zu entkommen.

4

AFB II

Untersuchen Sie die Position des Schriftstellers anhand von Siegfried Kracauers „Über den Schriftsteller".

M1 **Siegfried Kracauer: „Über den Schriftsteller" (1931); Auszug**

[...] So sonderbar es klingt: Journalist und Schriftsteller vertauschen unter dem Druck der ökonomischen und sozialen Verhältnisse beinahe die Rollen. Nicht so, als ob der Journalist mehr als früher von Ehrgeiz befallen sei, literaturfähige Erzeugnisse hervorzubringen; aber insofern er bürgerlicher Journalist ist, wird er seiner Funktion, verändernd in die Zustände einzugreifen, spürbar enthoben. Sei es, daß sich die Vertreter des Kapitals für sehr gefährdet halten, sei es auch nur, daß sie besonders empfindlich geworden sind: jedenfalls ist die Möglichkeit freier journalistischer Meinungsäußerung innerhalb der bürgerlichen Presse heute fast beschränkter als zur Zeit der kaiserlichen Militärmacht. [...] In einer Zeit, in der die Wirtschaftskrise zur Systemkrise geworden ist, kann sie sich auch kaum anders verhalten. Durch die ihr aufgezwungene Passivität wird aber dem Journalisten die Luft zum Atmen geraubt. Er findet sich auf ein Nebengeleise gedrängt, er muß sich meistens damit begnügen, die Ereignisse als Zuschauer zu betrachten und zu umschmeicheln, statt sie zu benutzen und mit ihrer Hilfe Exempel zu statuieren. Im gleichen Maße, in dem der echte Journalist freigesetzt wird, kommt, wie mir scheint, ein *neuer Typus von Schriftstellern* herauf, dessen Bestreben es ist, den verlassenen Platz auszufüllen. Ein Typus, der [...] seine Aufgabe darin erblickt, sich (und dem großen Publikum) Rechenschaft abzulegen über unsere aktuelle Situation.

(aus: Die Neue Rundschau 42 [Juni 1931], Heft 6, in: Schriften, Band 5.2, © Suhrkamp, Frankfurt am Main, 1990)

Kracauer definiert die Position des Schriftstellers anhand der Rolle des Journalisten, die dieser nicht mehr ausfüllen kann.

- In der Krise der Weimarer Republik tauschen Journalist und Schriftsteller die Rollen.
- Die krisenhafte politische Situation bedeutet für den Journalisten eine Einschränkung seiner Arbeit. Er kann nicht mehr verändernd in die Zustände eingreifen, sondern die Ereignisse nur als Zuschauer betrachten. Er ist zu **Systemkonformität** gezwungen.
- Der neue Schriftstellertypus muss den vom Journalisten „verlassenen Platz" ausfüllen. Er steht nun in der Pflicht, sich und dem lesenden Publikum über die aktuellen Verhältnisse Rechenschaft abzulegen, anstatt sie zu ignorieren oder euphemistisch zu präsentieren. Literatur bekommt dadurch einen aktuellen **Zeitbezug** und den Auftrag, eine **kritische Haltung** zu politischen und gesellschaftlichen Ereignissen einzunehmen.

5

Beschreiben Sie die Situation der Literaturschaffenden im Exil anhand des Auszugs aus Irmgard Keuns „Bilder aus der Emigration".

AFB II

M1 **Irmgard Keun: „Bilder aus der Emigration" (1936); Auszug**

Im April 1935 fuhr ich nach Ostende. Ich verreiste nicht, ich wanderte aus, und ich war keineswegs sicher, daß ich noch einmal wiedersehen würde, was ich verließ. Gewiß, eines Tages würde es keinen Nationalsozialismus mehr in Deutschland geben. Aber wie viele böse Jahre der Ewigkeit würden bis dahin vergehen?
Als der Zug über die Grenze gefahren war, da lag hinter mir ein Land und vor mir die Welt. Und hinter mir lagen Elternhaus und Ehe, vertraute Sprache und vertrauter Boden. Je ferner das alles wurde, um so mehr konnte ich es lieben, während der erste Hauch der Fremde mich mit schwermütiger Freude erfüllte.
Ich fuhr zuerst einmal nach Ostende. Ohne besonderen Grund. Irgendwohin mußte ich ja fahren. Mein Emigranten-Verlag in Amsterdam würde mir Vorschuß schicken, und davon konnte ich in Belgien billiger leben als zum Beispiel in Holland. Vielleicht lockte Ostende mich auch, weil ich als Kind einige Male mit den Eltern dagewesen war und weil ich ans Meer wollte – ans Meer, das die Gefühle nicht klein und eng werden läßt und brütende Ängste und Traurigkeiten reich und fruchtbar machen kann. [...]

(aus: Irmgard Keun: Wenn wir alle gut wären. © Kiepenheuer & Witsch, Köln, 1983)

Die **Situation der Literaturschaffenden im Exil** lässt sich folgendermaßen beschreiben:

- Es besteht das Bedürfnis, über die **Heimat** zu schreiben, da man sich mit ihr immer noch verbunden fühlt.
- Aus diesem Bedürfnis heraus entstehen wie im vorliegenden Beispiel **autobiografische Schilderungen,** das Bedürfnis, den Verlust der Heimat, der als schmerzhaft empfunden wurde, zu thematisieren.
- Die Exilzeit bedeutet, sich **kritisch,** soweit möglich, mit der Heimat auseinanderzusetzen und die Missstände zu benennen.
- Die Heimat wird trotz der Vertrautheit als (geistige) „Enge" gesehen. Keun fasst dies in dem Gegensatz „Land" – „Welt" zusammen. Im Gegensatz zu der einengenden Heimat bietet das Exil Möglichkeiten, sich literarisch zu etablieren und eventuell **neue Freiheiten** zu erfahren.
- Irmgard Keun zeigt allerdings auch, dass das Leben im Exil bedeutet, das Vertraute, das man verlassen musste, zum ersten Mal schätzen und lieben zu lernen, während die Fremde den Exilanten mit „schwermütiger Freude" und Angst erfüllt.

6

AFB II

Erläutern Sie die Funktion des Epilogs in Bertolt Brechts Drama „Der gute Mensch von Sezuan“.

M1 **Bertolt Brecht: „Der gute Mensch von Sezuan“ (1938–40), Epilog**

Vor den Vorhang tritt ein Spieler und wendet sich entschuldigend an das Publikum mit einem Epilog.

Verehrtes Publikum, jetzt kein Verdruß:
Wir wissen wohl, das ist kein rechter Schluß.
Vorschwebte uns: die goldene Legende.
Unter der Hand nahm sie ein bitteres Ende.
Wir stehen selbst enttäuscht und sehn betroffen
Den Vorhang zu und alle Fragen offen.
Dabei sind wir doch auf Sie angewiesen
Daß Sie bei uns zu Haus sind und genießen.
Wir können es uns leider nicht verhehlen:
Wir sind bankrott, wenn Sie uns nicht empfehlen!
Vielleicht fiel uns aus lauter Furcht nichts ein.
Das kam schon vor. Was könnt die Lösung sein?
Wir konnten keine finden, nicht einmal für Geld.
Soll es ein andrer Mensch sein? Oder eine andre Welt?
[...]
Verehrtes Publikum, los, such dir selbst den Schluß!
Es muß ein guter da sein, muß, muß, muß!

(aus: Gesammelte Werke. Band 2, Stücke 2, © Suhrkamp, Frankfurt am Main, 1990)

Gemäß der Bedeutung des griechischen Wortes *epilogos*, „Nachrede“, steht der Epilog am Ende des Stücks. Es ist eine an den Zuschauer gerichtete **Schlussrede,** die nach Abschluss der Handlung von einem Spieler gesprochen wird. Er hat folgende Funktion:

- Er stellt – ähnlich wie das Vorspiel – eine **Verbindung zum Publikum** her.
- Er hebt die Bedeutung des Publikums hervor (wirtschaftlicher Faktor).
- Das Ende wird verkündet, was in einem **satirisch-ironischen Sinn** verstanden werden kann, denn das Ende ist offensichtlich.
- Der Epilog trägt zum **Verfremdungseffekt** bei. Er durchbricht die Bühnenillusion und verhindert die Identifikation des Zuschauers mit der Handlung und den Figuren.
- Gemäß der Forderung des epischen Theaters bleibt der Schluss offen. Der Zuschauer ist selbst aufgefordert, über das Stück nachzudenken und einen „guten“ Schluss zu suchen.

7

Interpretieren Sie Gottfried Benns Gedicht „Welle der Nacht“.

AFB III

M1 **Gottfried Benn: „Welle der Nacht“ (1946)**

Welle der Nacht – Meerwidder und Delphine
mit Hyakinthos leichtbewegter Last,
die Lorbeerrosen und die Travertine
wehn um den leeren istrischen Palast,

Welle der Nacht – zwei Muscheln miterkoren,
die Fluten strömen sie, die Felsen her,
dann Diadem und Purpur mitverloren,
die weiße Perle rollt zurück ins Meer.

(Gottfried Benn, Statische Gedichte. Hg. von Paul Raabe

Form und Sprache

- Das Auf und Ab der Wellenbewegung wird durch den **Daktylus** in den Zeilen 1, 4, 5 und 7 und den **Jambus** in den restlichen Zeilen sprachlich zum Ausdruck gebracht.
- Es dominieren vokalreiche und klangvolle Wörter, wie z. B. der Vokal ‚e‘ in „Meer“, „Welle“ oder „Delphine“ oder ‚u‘ in „Fluten“ oder „Purpur“. Die Wörter „Travertine“ und „Diadem“ zeigen Vokalhäufung.
- Die klangvollen Konsonanten ‚l‘ und ‚r‘ bringen das Flüssige und Rollende zum Ausdruck und verstärken die Klangästhetik.

Analyse des Inhalts

- Die Welt des Wassers wird durch Wörter wie „Welle“, „Meer“, „Delphine“, „fluten“ und „strömen“ evoziert und durch die Sprachrhythmik unterstützt.
- Gleichzeitig finden sich Begriffe aus den Bereichen weltliche Güter, Besitz, Herrschertum, Reichtum wie „Palast“, „Diadem“, „Purpur“, „Perle“. Diese eher altertümlichen Begriffe weisen auf etwas Vergangenes, Märchenhaftes.

Die zentralen Bilder des Gedichts stammen aus den Bereichen Wasser und Besitz. Das Wasser, das Kommen und Gehen der Wellen, ist ein Bild für das Entstehen und Vergehen bzw. Beginn und Ende.

7

AFB III

Fortsetzung: Interpretieren Sie Gottfried Benns Gedicht „Welle der Nacht“.

Die Welle spült Dinge an und nimmt diese auch wieder mit ins Meer („miterkoren“ – „mitverloren“). Davon ist auch der menschliche Besitz (Palast, Perle) betroffen. Das Leben befindet sich in einem fortdauernden Prozess.
Die einzelnen Wörter ergeben im Zusammenklang ein Bild von Duft, Farbe, Schönheit, Glanz, Trauer, Schönheit und Verlust. Die Einzelwörter nehmen dabei einen von ihrer Ursprungsbedeutung unabhängigen Sinn an. Sie werden zu Chiffren.

Chiffre

Eine Chiffre ist ein **symbolartiges Wort,** meist ein bildhafter Ausdruck, dessen Bedeutung sich erst aus dem Textzusammenhang erschließt. Chiffren finden sich häufig in moderner Lyrik.

In Benns Gedicht ist durch die Verwendung von Chiffren ein logischer Wirklichkeitsbezug nicht mehr feststellbar. Die Zeichen erhalten erst im Binnensystem des Gedichts ihre Bedeutung. Der Sinn der Chiffre „Wasser“ etwa kann erst durch die Lektüre des Gedichts erfasst werden. Im Kontext steht das Wort für Leben, Verlust und Vergänglichkeit.
Benns Gedicht zeigt Merkmale der **hermetischen Dichtung,** indem die Wörter losgelöst von ihrer eigentlichen Bedeutung in neuen Kombinationen zusammengesetzt werden, wodurch eine unauflösbare Vieldeutigkeit entsteht und eine Erfahrung jenseits der in der Wirklichkeit vorgefundenen Dinge formuliert wird.

Hermetische Dichtung

Die Stilrichtung in der Lyrik des 20. Jahrhunderts löst Worte aus ihrem gewohnten Bedeutungszusammenhang und setzt sie neu so zusammen, dass eine **nicht aufzuhebende Vieldeutigkeit** entsteht. Wichtigstes sprachliches Mittel ist dabei die Chiffre.

8 **Analysieren Sie die Paarbeziehung Faust – Mephisto in Goethes Drama „Faust" und die Beziehung Höfgen – Ministerpräsident in Klaus Manns Roman „Mephisto".**

AFB III

Faust und Mephisto

- Faust, der sich nach umfassender Erkenntnis sehnt, schließt mit Mephisto einen Pakt, um der geistigen und körperlichen Enge zu entfliehen.
- Mephisto ermöglicht dem Gelehrten Faust, der in seinem Studierzimmer gefangen zu sein scheint, eine Öffnung zur Welt, intellektuelle und sexuelle Befreiung.
- Mephisto bricht den Kerker der inneren Gefangenschaft auf, sodass Faust sich einem grenzenlosen Hedonismus hingeben kann.
- Faust sehnt sich nach dem Göttlichen, das er durch den Teufel zu erlangen erhofft. Er geht den Pakt mit dem Teufel ein und verspielt seine Seele.

Höfgen und Ministerpräsident

- Der Schauspieler Hendrik Höfgen ist ein gefeierter Günstling des Ministerpräsidenten. Er hat die Beständigkeit seines Erfolgs besonders seinem Bewunderer zu verdanken.
- Höfgen fürchtet, dass sein Erfolg als Schauspieler und sein Wunsch nach grenzenloser Bewunderung nach der Machtergreifung der Nationalsozialisten einen Knick erfahren würden. Aus diesem Grund lässt er sich auf die nationalsozialistischen Inszenierungspraktiken ein und spielt die Rolle des Mephisto gemäß dieser Ideologie. Das ist sein Pakt mit dem Teufel.
- Die Spuren seiner Vergangenheit werden verwischt, der Ministerpräsident ist ihm eine große Hilfe dabei, wenn es darum geht, den Schauspieler im NS-Regime zu etablieren. Er verkauft sich und sein Leben für den Erfolg.

Vergleich der beiden Beziehungen

Sowohl Faust als auch Höfgen sind **Machtmenschen,** die bereit sind, sich für ihren Erfolg und ihre Macht (Faust als allwissender und potenter Mensch und Höfgen als potenter Schauspieler) zu verkaufen. Sie verschreiben sich dem Teufel. Dieser Pakt ist ein Spiel mit dem Bösen.
Mephisto und der Ministerpräsident können die Wünsche, von denen Faust und Höfgen besessen sind, zwar erfüllen, sie verlangen jedoch einen hohen Preis. Während Mephisto *in persona* das Böse vertritt, ist der Ministerpräsident der **Vertreter eines zutiefst teuflischen Systems,** das Höfgen dazu bringt, sich und andere zu verraten.

9

AFB III

Beurteilen Sie Ricarda Huchs Gedicht „Mein Herz, mein Löwe" im Hinblick auf die Leserschaft während des Nationalsozialismus.

M1 **Ricarda Huch: „Mein Herz, mein Löwe" (1944)**

Mein Herz, mein Löwe, hält seine Beute fest,
Sein Geliebtes fest in den Fängen,
Aber Gehaßtes gibt es auch,
Das er niemals entläßt
Bis zum letzten Hauch,
Was immer die Jahre verhängen.
Es gibt Namen, die beflecken
Die Lippen, die sie nennen,
Die Erde mag sie nicht decken,
Die Flamme mag sie nicht brennen.
Der Engel, gesandt, den Verbrecher
Mit der Gnade von Gott zu betauen,
Wendet sich ab voll Grauen
Und wird zum zischenden Rächer.
Und hätte Gott selbst so viel Huld
Zu waschen die blutrote Schuld,
Bis der Schandfleck verblaßte, –
Mein Herz wird hassen, was es haßte,
Mein Herz hält fest seine Beute,
Daß keiner dran künstle und deute,
Daß kein Lügner schminke das Böse,
Verfluchtes vom Fluche löse.

(aus: Ricarda Huch: Herbstfeuer, Gedichte © Insel Verlag, Frankfurt am Main 1999)

Biografischer Hintergrund

Ricarda Huch verweigerte nach der Machtergreifung der Nationalsozialisten eine von den Mitgliedern der Preußischen Akademie verlangte Loyalitätserklärung gegenüber dem Regime. Des Weiteren trat sie im Jahre 1933 aus Protest gegen den Ausschluss von Alfred Döblin als erstes Mitglied aus der Preußischen Akademie aus. Dieser Austritt wurde zu keiner Zeit vom Regime öffentlich gemacht.

Ricarda Huch stand den Nationalsozialisten feindlich gegenüber – ein biografischer Tatbestand, der bei der Beurteilung des Gedichts von Bedeutung ist. Der Leserschaft der damaligen Zeit blieb das nicht verborgen. Die Leser sehen Huchs kritische Haltung gegenüber dem Regime.

Fortsetzung: Beurteilen Sie Ricarda Huchs Gedicht „Mein Herz, mein Löwe“ im Hinblick auf die Leserschaft während des Nationalsozialismus.

AFB III

Unterschiedliche Lesarten

Vor dem Hintergrund der biografischen Gegebenheiten ist das Gedicht jederzeit klar als Kritik am nationalsozialistischen Regime zu interpretieren. Sieht man davon ab, kann man aber auch eine nationalsozialistische Lesart ansetzen, sodass das Gedicht auch zum Zweck der nationalsozialistischen Propaganda missbraucht werden könnte.
Folgende sprachliche Mittel führen zu einer **Offenheit** des Gesagten, sodass das Gedicht von einer nationalsozialistischen Leserschaft auch in ihrem Sinne verstanden werden könnte:

- Huch bedient sich einer **aggressiven Rhetorik** und einer Symbolik, die mit Stärke, Gewalt und Macht in Verbindung gebracht werden kann (z. B. „Herz“, „Löwe“, „fest in den Fängen“, „Flamme“ oder „zischenden Rächer“).
- Huch lässt völlig offen, wer oder was das Böse ist oder wer oder was die Beute ist.
- Das Gedicht bleibt vage: „Es gibt Namen, die beflecken / Die Lippen, die sie nennen, / Die Erde mag sie nicht bedecken“. Durch die Verwendung des Ausdrucksmittels der **Synekdoche** kann der Leser von den Begriffen mit weiter Bedeutung auf eine engere Bedeutung schließen, die er selbst in den Begriff legt.

Synekdoche

Das sprachliche Ausdrucksmittel ersetzt einen Begriff durch einen engeren oder weiteren Begriff, vertauscht z. B. Teil und Ganzes (*Pars pro toto*, „unter einem Dach“ für „in einem Haus“) oder Art und Gattung (*Totum pro parte*, „Brot“ für „Nahrungsmittel“).

- Huch verwendet **klischeehafte Symbolik** (Löwe, Herz, Flammen, blutrote Schuld), die der nationalsozialistischen Bilderwelt nahesteht und die der unkritische Leser unbedacht in die eigene Überzeugungswelt übernehmen kann.
- Besonders pointiert gesetzt ist die Personifikation des hassenden Herzens. Huch verwendet das **Vokabular einer extremen Propaganda** und nennt das Objekt des Hasses nicht.

10

AFB III

Analysieren Sie die Figur des McConnor in Stefan Zweigs „Schachnovelle“.

McConnor ist neben Mirko Czentovic und Dr. B. eine der drei Hauptfiguren der „Schachnovelle“. Er fordert Czentovic, den amtierenden Schachweltmeister, zu einer Partie heraus. Mithilfe von Dr. B. gelingt ihm ein Remis.

McConnor als Typ

Die Figur des McConnor kennzeichnen nur wenige Merkmale. Seine Eigenschaften stehen schon zu Beginn der Handlung fest, und er durchläuft im Verlauf der Handlung keine Veränderung. Somit ist McConnor weniger ein Charakter als ein Typ.

Typ

Im Vergleich zum Charakter ist ein Typ eine **unveränderliche Figur** mit feststehenden Merkmalen. Diese Merkmale lassen sich u. a. durch Alter, Temperament, Beruf und gesellschaftliche Stellung bestimmen. Sie kehren in einer bestimmten Ausprägung im Verlauf der Handlung unverändert immer wieder.

McConnor lässt sich als Typ wie folgt definieren:

- Er ist Tiefbauingenieur aus Schottland. Als Schotte wird er durch das rote Gesicht (wohl auf den Whiskygenuss zurückzuführen) typisiert. Dadurch rückt McConnor schon fast in die Nähe einer **Karikatur.**
- Die eindeutig negativen Eigenschaften manifestieren sich in seinem Äußeren (z. B. „ein stämmiger Mensch“), werden aber auch direkt genannt (z. B. „[er] gehörte zu jener Sorte selbstbesessener Erfolgsmenschen, die auch im belanglosesten Spiel eine Niederlage schon als Herabsetzung ihres Persönlichkeitsbewusstseins empfinden“).
- Weitere Eigenschaften, die ihn als Typ erscheinen lassen, sind seine Rücksichtslosigkeit, seine leichte Erregbarkeit und Nervosität, sein lärmendes Auftreten, seine Verbissenheit und seine Machtbesessenheit („Ich bezahle die Musik, also bestimme ich auch, was gespielt wird.“). All das wird durch seinen vom Geld verwöhnten Lebensstil gesteigert.
- Seine Verbissenheit lässt ihn nicht erkennen, dass er im Schachspiel ein Versager ist. Die fehlende Einsicht treibt ihn in eine nicht mehr kontrollierbare Leidenschaft. Dieses Verhalten zeigt, dass McConnor unfähig ist, einen Lernprozess zu durchlaufen.

Fortsetzung: Analysieren Sie die Figur des McConnor in Stefan Zweigs „Schachnovelle".

AFB III

Erzählhaltung gegenüber McConnor

Der Icherzähler nimmt eine negative Haltung gegenüber McConnor ein.

- Der Erzähler vermittelt McConnors Eigenschaften mit einer gewissen Verachtung für diese Figur, sodass der Leser von Anfang an bei der Beurteilung McConnors gelenkt wird.
- Da jedoch McConnor vom Icherzähler für seine Zwecke eingesetzt wird, fällt es ihm vergleichsweise leicht, diese Eigenschaften zu ertragen. Wie sich im Verlauf der Handlung herausstellt, erweisen sich diese Merkmale für die Realisierung des Plans als äußerst wertvoll: McConnor gibt sich trotz der anfänglichen Niederlage nicht geschlagen, sondern er fordert seinen Gegner erneut heraus, denn als Erfolgsmensch empfindet er jede Niederlage als unerträglich (obschon ihn die anderen Schachamateure an Bord als „drittklassigen" Spieler einstufen).

McConnor innerhalb der Figurenkonstellation

McConnor stellt für seine Schachgegner intellektuell keine Herausforderung dar. Er wird als diametraler Gegensatz zu der Kultiviertheit und Intelligenz der Icherzählers und des Dr. B. geschildert. McConnor hat ähnliche Eigenschaften wie sein Gegner Mirko Czentovic. Er ist wie dieser arrogant, primitiv, habsüchtig, rücksichtslos. McConnor verfügt jedoch über die Möglichkeiten, die seinem Gegner fehlen, v. a. Geld. Andererseits fehlen McConnor der Weitblick, der Scharfsinn, die Präzision und die Ruhe, um sich als Sieger hervorzutun.

KAPITEL 12

Deutschsprachige Literatur von 1945 bis 1990

Alle Fragen im Überblick

AFB I

1 **Nennen Sie** Mitglieder der „Gruppe 47" und **geben Sie** ihre Zielsetzung **wieder.**

2 **Fassen Sie zusammen,** was man unter Trümmerliteratur versteht.

3 **Stellen Sie** kurz den Literaturbetrieb und die Situation der Autoren in der DDR **dar.**

4 **Geben Sie** Begriffe zum Wortfeld „Angst" in Friedrich Dürrenmatts „Der Besuch der alten Dame" **wieder.**

AFB II

5 **Beschreiben Sie,** wie Wolfgang Borchert seine Figuren in dem vorliegenden Auszug aus der Kurzgeschichte „Das Brot" einführt.

6 **Untersuchen Sie,** inwiefern Paul Celan sein Gedicht „Todesfuge" mithilfe von Konstruktionselementen der Doppelfuge gestaltet hat.

7 **Beschreiben Sie** die innere Verfassung des schreibenden Ichs in Günter Eichs Gedicht „Inventur".

8 **Erschließen Sie** die wesentlichen Merkmale der Literatur des sogenannten „sozialistischen Realismus".

9 **Untersuchen Sie** das Kompositionsprinzip in Ingeborg Bachmanns Gedicht „Reklame".

10 **Zeigen Sie** die dramaturgische Gestaltung des zwölften Bildes von Max Frischs Drama „Andorra" **auf.**

AFB III

11 **Analysieren Sie** Marie Luise Kaschnitz' Gedicht „Die Angst vor einem neuen Krieg".

12 **Interpretieren Sie** die Kurzgeschichte „Saisonbeginn" von Elisabeth Langgässer.

13 **Beurteilen Sie** Stefan Heyms Erklärung „Es geht um das Wort" hinsichtlich seiner rhetorischen Wirkung.

14 **Setzen Sie sich** mit der Frage **auseinander,** inwiefern Kassandra in Christa Wolfs gleichnamiger Erzählung als Frauenfigur im Spannungsfeld von Emanzipation und Resignation steht.

15 **Analysieren und bewerten Sie** die Aussage des Angeklagten 2 in Peter Weiss' Theaterstück „Die Ermittlung".

16 **Interpretieren Sie** Sarah Kirschs Gedicht „Im Sommer".

17 **Vergleichen Sie** die Textauszüge aus Patrick Süskinds Roman „Das Parfum" und Heinrich von Kleists Novelle „Michael Kohlhaas" im Hinblick auf ihre Entstehungszeit.

1

Nennen Sie Mitglieder der „Gruppe 47" und geben Sie ihre Zielsetzung wieder.

AFB I

Gründung und Mitglieder

Die Gruppe 47 wurde 1947 von Hans Werner Richter, Alfred Andersch, Günter Eich und Heinrich Böll gegründet und war bis in die 1960er-Jahre eine der einflussreichsten literarischen Gruppierungen in Westdeutschland. Die Gruppe war ein lockerer Zusammenschluss von Autoren, zu denen auch Günter Grass, Ingeborg Bachmann und Ilse Aichinger gehörten.

Bis 1967 fanden 29 Tagungen der Gruppe 47 statt, zu denen Autoren zu einer Lesung eingeladen wurden. Anschließend wurde der Vortrag des jeweiligen Autors einer umfassenden Kritik unterzogen, ohne dass sich der Autor selbst zu diesen kritischen Punkten äußern durfte. Der Autor des besten Vortrags erhielt am Ende den **Literaturpreis der Gruppe 47.**

Ziele der Guppe 47

Die Gruppe hatte kein eigenes literarisches Programm, sondern die Autoren hatten folgende gemeinsame Anschauungen und Ziele:

- politisch-zeitkritische, ideologiekritische und antiautoritäre Einstellung,
- eine klare Position gegen die Autoren des Nationalsozialismus und der inneren Emigration,
- Betonung der Verantwortung des Schriftstellers in der Gesellschaft,
- radikale Lösung von literarischen und sprachlichen Traditionen **(„Kahlschlag")** und Bemühen um einen Neuanfang der Literatur **(„Stunde null"),**
- Anknüpfen an die literarische Tradition vor 1933.

AFB I

2 Fassen Sie zusammen, was man unter Trümmerliteratur versteht.

Nach dem Ende des Zweiten Weltkriegs hatten die Autoren das Bestreben, in den Trümmern, die die nationalsozialistische Herrschaft hinterlassen hatte, einen neuen Anfang zu suchen. Sie wollten v. a. die von den Nationalsozialisten verdorbene Sprache von allen entstellenden Spuren reinigen und mit einer neuen Sprache und neuen Literatur von vorn anfangen.

Themen, Autoren und Werke

Die Themen der frühen Nachkriegsliteratur waren vor allem:

- die Rückkehr aus dem Krieg und
- die von Zerstörung geprägten Verhältnisse in Deutschland.

Autoren	Werke
Wolfgang Borchert	„Draußen vor der Tür“, „Nachts schlafen die Ratten doch“
Heinrich Böll	„Der Zug war pünktlich“, „Haus ohne Hüter“
Günter Eich	„Inventur“, „Latrine“ (Gedichte)
Wolfdietrich Schnurre	„Ein Unglücksfall“
Josef Martin Bauer	„So weit die Füße tragen“

Besondere Bedeutung erlangte der sog. Heimkehrerroman (z. B. Bauer, „So weit die Füße tragen“) oder das Heimkehrerstück (z. B. Borchert, „Draußen vor der Tür“).

Heimkehrerroman

Im Mittelpunkt des Geschehens steht ein meist aus dem Krieg oder der Gefangenschaft zurückgekehrter Mann, der sich mit seiner Erfahrung als Kriegsgefangener auseinandersetzt, das vergangene nationalsozialistische System anklagt und versucht, sich in der zerstörten Heimat zurechtzufinden.

3

Stellen Sie kurz den Literaturbetrieb und die Situation der Autoren in der DDR dar.

AFB I

Nach der Teilung Deutschlands entwickelte sich in der DDR eine Literatur, die bereits 1954 als die Fortsetzung der „besten" deutschen Literaturtraditionen ausgegeben und zum Zentrum einer neuen Nationalliteratur erhoben wurde.
Der Literaturbetrieb der DDR war durch die **Vereinnahmung** der Autoren **durch Staat und Partei** geprägt. Die Partei stellte die Kunstdoktrin des **sozialistischen Realismus** auf. Gemäß dieser Doktrin hatten sich die Schriftsteller mit der gesellschaftlichen Wirklichkeit im Sinne des Sozialismus auseinanderzusetzen.

Situation der Autoren

Die Kulturpolitik der SED war antidemokratisch und verhinderte eine freie künstlerische Entfaltung. Nicht systemkonforme und systemkritische Schriftsteller hatten mit Repressalien zu rechen:

- Ausschluss aus der Sozialistischen Einheitspartei Deutschlands (SED),
- Ausschluss aus dem Schriftstellerverband,
- Druck- und Aufführungsverbot.

Ein Beispiel für einen unliebsamen Autor und Lyriker war Wolf Biermann, der 1976 ausgebürgert wurde. Nach diesem Ereignis wanderten zahlreiche Autoren in die Bundesrepublik Deutschland aus. Unter ihnen waren Jurek Becker, Thomas Brasch, Sarah Kirsch, Günter Kunert und Reiner Kunze.
Autoren wie Franz Rührmann, Christoph Hein, Heiner Müller, Erwin Strittmatter oder Christa Wolf blieben in der DDR.
Stefan Heym, Rolf Schneider und Volker Braun waren DDR-Autoren, die ihre Werke in westdeutschen Verlagen veröffentlichten.

4

AFB I

Geben Sie Begriffe zum Wortfeld „Angst" in Friedrich Dürrenmatts „Der Besuch der alten Dame" wieder.

Inhaltlicher Kontext

In Friedrich Dürrenmatts tragischer Komödie „Der Besuch der alten Dame" kehrt die Protagonistin Claire Zachanassian in das völlig verarmte Städtchen Güllen zurück, das sie fünfzig Jahre zuvor als armes Mädchen verlassen hat. Sie ist bereit, der Gemeinde Güllen finanziell unter die Arme zu greifen. Doch sie hat eine Bedingung. Sie will Gerechtigkeit für das, was ihr ihre damalige Jugendliebe Alfred Ill angetan hat. Er hatte sie verstoßen, als sie damals ein Kind von ihm erwartete. Claire Zachanassian will, dass Ill getötet wird.

Das Wortfeld „Angst"

Der Racheplan der Zachanassian schafft in dem Städtchen Güllen eine Atmosphäre von Misstrauen und Angst, die in unterschiedlichen Nuancen in dem Stück gestaltet ist.

- Nachdem Claire ihren Racheplan eröffnet hat, herrschen **Bestürzung** und das **Entsetzen** über ihre Unmenschlichkeit vor.
- Alfred Ill spürt **entsetzliche Furcht,** als er merkt, dass die Bewohner von Güllen sich plötzlich gegen ihn stellen – dies passiert schrittweise und er nimmt es mit **Schrecken** wahr und gerät angesichts dieser Entwicklung in **absolute Panik.**
- Die Bewohner von Güllen leben in **Furcht** und **Sorge.** Denn sie wollen nicht, dass ihr Dorf der Verarmung zum Opfer fällt. Sie fürchten auch die Macht der Zachanassian, deshalb haben sie nicht den Mut, sich dieser einflussreichen Frau zu widersetzen und sie aus der Stadt zu verjagen. Die Bewohner sind getrieben und gehetzt, durch ihre Angst gelähmt und verführbar.
- Die Handlung, die vor Augen führt, dass die Moral einer ganzen Stadt käuflich ist, ist **schockierend.** Die Art und Weise, wie Alfred in den Tod getrieben wird, verbreitet **Grauen.**

5

Beschreiben Sie, wie Wolfgang Borchert seine Figuren in dem vorliegenden Auszug aus der Kurzgeschichte „Das Brot" einführt.

AFB II

M1 **Wolfgang Borchert: „Das Brot" (1946); Auszug**

Plötzlich wachte sie auf. Es war halb drei. Sie überlegte, warum sie aufgewacht war. Ach so! In der Küche hatte jemand gegen einen Stuhl gestoßen. Sie horchte nach der Küche. Es war still. Es war zu still und als sie mit der Hand über das Bett neben sich fuhr, fand sie es leer. Das war es, was es so besonders still gemacht hatte: sein Atem fehlte. Sie stand auf und tappte durch die dunkle Wohnung zur Küche. In der Küche trafen sie sich. Die Uhr war halb drei. Sie sah etwas Weißes am Küchenschrank stehen. Sie machte Licht. Sie standen sich im Hemd gegenüber. Nachts. Um halb drei. In der Küche.

Auf dem Küchentisch stand der Brotteller. Sie sah, daß er sich Brot abgeschnitten hatte. Das Messer lag noch neben dem Teller. Und auf der Decke lagen Brotkrümel. Wenn sie abends zu Bett gingen, machte sie immer das Tischtuch sauber. Jeden Abend. Aber nun lagen Krümel auf dem Tuch. Und das Messer lag da. Sie fühlte, wie die Kälte der Fliesen langsam an ihr hochkroch. Und sie sah von dem Teller weg.

(aus: Wolfgang Borchert: Das Gesamtwerk, hrsg. von Michael Töteberg unter Mitarbeit von Irmgard Schindler © 2007 by Rowohlt Verlag GmbH, Reinbek bei Hamburg)

Der erste Satz

Die Figuren werden in Wolfgang Borcherts Kurzgeschichte „Das Brot" völlig **unvermittelt** eingeführt. Der knappe Satz „Plötzlich wachte sie auf" konfrontiert den Leser ohne Einführung mit den Figuren und Ereignissen.

Sprachstil

In einem einzigen kurzen Absatz wird der Leser anhand der Gedanken und der Bewegungen der Figur in das Geschehen hineingeführt. Die Beschreibungen sind sehr knapp. Die Sprache ist gekennzeichnet durch **Parataxe** und **Ellipsen.**

Figuren

Die Figuren begegnen dem Leser nicht nur unvermittelt, sondern sie treten auch als **unbekanntes Personal** auf. Es bleibt im Ungewissen, wer der Mann und die Frau sind, sie sind nicht durch nähere Hinweise charakterisiert, erhalten keine Namen und keine Identität. Lediglich das monoton verwendete Personalpronomen gibt Auskunft über ihr Geschlecht.

5

AFB II

Fortsetzung: Beschreiben Sie, wie Wolfgang Borchert seine Figuren in dem vorliegenden Auszug aus der Kurzgeschichte „Das Brot“ einführt.

Es handelt sich um **typisierte Figuren,** die in einen bestimmten Handlungsrahmen gestellt werden, ihre Persönlichkeitsmerkmale, ihre berufliche oder soziale Stellung spielen keine Rolle.

Erzählsituation

Der Erzähler nimmt keinen Anteil am Erzählten, er wertet nicht. Dadurch wird eine Distanz zum Erzählten hergestellt.

Konzentration auf einen entscheidenden Moment

Die Art und Weise, wie die Figuren in die Kurzgeschichte eingeführt werden, konzentrieren die Aufmerksamkeit des Lesers auf den dargestellten **entscheidenden Augenblick** („Plötzlich“) in dem Leben der beiden Menschen.

Symbolische Gestaltung

Der entscheidende Moment im Leben dieses Paares ist die nächtliche Begegnung in der Küche. Borchert gestaltet diesen Moment symbolisch:

- Das **Aufwachen** der Frau bezieht sich nicht nur auf das Erwachen aus dem Schlaf, sondern auch auf ihre schmerzliche Entdeckung, dass ihr Mann sie hintergeht, indem er das rationierte Brot nachts heimlich isst.
- Das **Licht,** das die Frau einschaltet und das zum Vorschein bringt, dass ihr Mann sie hintergeht, wirft ein Schlaglicht auch auf ihre Ehe.
- Im **Hemd** stehen sie sich gegenüber, halb nackt, beschämend bloßgestellt. Nun kommt die Wahrheit ans Licht.
- Die **Kälte,** die an der Frau hochsteigt, symbolisiert das gebrochene Vertrauen und die fehlende Offenheit.

6

Untersuchen Sie, inwiefern Paul Celan sein Gedicht „Todesfuge" mithilfe von Konstruktionselementen der Doppelfuge gestaltet hat.

AFB II

M1 **Paul Celan: „Todesfuge" (1947); Auszug**

Schwarze Milch der Frühe wir trinken sie abends
wir trinken sie mittags und morgens wir trinken sie nachts
wir trinken und trinken
wir schaufeln ein Grab in den Lüften da liegt man nicht eng
Ein Mann wohnt im Haus der spielt mit den Schlangen der schreibt
der schreibt wenn es dunkelt nach Deutschland dein goldenes Haar Margarete
er schreibt es und tritt vor das Haus und es blitzen die Sterne er pfeift seine Rüden [herbei
er pfeift seine Juden hervor lässt schaufeln ein Grab in der Erde
er befiehlt uns spielt auf nun zum Tanz
[...]
Schwarze Milch der Frühe wir trinken dich nachts
wir trinken dich mittags und morgens wir trinken dich abends
wir trinken und trinken
ein Mann wohnt im Haus dein goldenes Haar Margarete
dein aschenes Haar Sulamith er spielt mit den Schlangen
[...]

(aus: Paul Celan: Mohn und Gedächtnis. Gedichte © 1952 DVA, München, in der Verlagsgruppe Random House)

Das Gedicht „Todesfuge" ist rhythmisch nicht nach der traditionellen Metrik gegliedert. Stattdessen bedient sich Paul Celan **freirhythmischer Langzeilen,** die nach dem Muster einer musikalischen Fuge aufgebaut sind:

- **parataktischer Satzbau,** wobei die Sätze und Teilsätze in Satzgefüge verschmelzen;
- **Aussparen der Interpunktion,** wodurch es zu einem gleitenden Übergang kommt und die Verse zu einem Textkontinuum verschmelzen;
- **Enjambements,** die in der Musik der Synkope entsprechen;
- Verwendung von Chiffren, die zum Ausdruck bringen, dass das Dargestellte mit nichts vergleichbar ist, was in der Wirklichkeit zu finden wäre;
- **Wiederholungen von Sprachbildern und Anaphern,** die in immer schnelleren und kürzeren Abständen aufeinanderfolgen, sodass der Text an Dynamik und Tempo gewinnt, was in der Musik einer **Engführung** gleichkommt;
- **antithetischer Aufbau,** der in der Fuge den kontrapunktischen Strukturen entspricht und so eine Art Mehrstimmigkeit erzeugt.

7

AFB II

Beschreiben Sie die innere Verfassung des schreibenden Ichs in Günter Eichs Gedicht „Inventur".

M1 **Günter Eich: „Inventur" (1947)**

Dies ist meine Mütze,
dies ist mein Mantel,
hier mein Rasierzeug
im Beutel aus Leinen.

Konservenbüchse:
Mein Teller, mein Becher,
ich hab in das Weißblech
den Namen geritzt.

Geritzt hier mit diesem
kostbaren Nagel,
den vor begehrlichen
Augen ich berge.

Im Brotbeutel sind
ein Paar wollene Socken
und einiges, was ich
niemand verrate,

so dient es als Kissen nachts
meinem Kopf.
Die Pappe hier liegt
zwischen mir und der Erde.

Die Bleistiftmine
lieb ich am meisten:
Tags schreibt sie mir Verse,
die nachts ich erdacht.

Dies ist mein Notizbuch,
dies meine Zeltbahn,
dies ist mein Handtuch,
dies ist mein Zwirn.

(aus: Günter Eich: Sämtliche Gedichte in einem Band. © Suhrkamp, Frankfurt am Main, 2006)

Die innere Verfassung des schreibenden Ichs lässt sich wie folgt beschreiben:

- Das schreibende Ich zieht **Bilanz** und reiht alles auf, was in seinem Leben Bedeutung hat.
- Es zählt auf, was sein Leben ausmacht. Dabei ist auffällig, dass es sich um einfachste alltägliche Dinge handelt: Kleider, Nahrungsmittel, Geschirr, Artikel zur Körperpflege (Rasierzeug).
- Das schreibende Ich lebt auf dem Existenzminimum: Nachts schläft er auf Pappe, wollene Socken im Brotbeutel dienen als Kopfkissen.
- Dennoch haben die kleinsten Dinge einen hohen Stellenwert in seinem Leben: Der Nagel ist „kostbar", die Bleistiftmine „liebt" er.
- Das Gedicht nennt die notwendigsten Gegenstände des täglichen Lebens.
- Er befindet sich in einem **Zustand innerer Unordnung,** der zu der **äußeren Ordnung** (Gedichtform) kontrastiert. Durch das Schreiben sollen Dinge geordnet werden.

Erschließen Sie die wesentlichen Merkmale der Literatur des sogenannten „sozialistischen Realismus".

AFB II

Unter dem Begriff „sozialistischer Realismus" versteht man eine **einheitliche Kunst- und Literaturtheorie** der sozialistisch-kommunistischen Länder, die 1934 in der Sowjetunion und nach 1945 in den Ländern des Warschauer Pakts festgelegt wurde. Diese Literaturtheorie fordert vom Künstler:

- eine wahrheitsgetreue und historisch-konkrete Darstellung der Wirklichkeit unter der Prämisse, dass diese gemäß dem kommunistischen Weltbild einer ständigen Entwicklung ausgesetzt ist;
- eine Vereinfachung der Wirklichkeit und Volksnähe, damit die Literatur für jeden zugänglich ist (breite Wirkung), Verzicht auf Experimente;
- die Darstellung des sozialen Kampfes, um den Forstschritt sozialistischer Ideen zu gewährleisten;
- das Propagieren einer besseren Zukunft i. S. der kommunistischen Ideologie.

In der konkreten Umsetzung bedeutete dies für den Künstler die Schaffung eines nachahmenswerten **positiven Helden,** die **naturgetreue Wiedergabe** der Wirklichkeit und die Verwendung einer **leicht überschaubaren Erzählkonstruktion,** damit auch dem ungeübten „proletarischen" Leser die Lektüre ermöglicht wird.
In der DDR wurde mit dem Bitterfelder Weg versucht, den sozialistischen Realismus verstärkt in die literarische Praxis einzubinden.

Das Programm des Bitterfelder Wegs

Das bei den Bitterfelder Konferenzen in den Jahren 1959 und 1964 formulierte kulturpolitische Programm der DDR forderte, dass die „Trennung" zwischen Hand- und Kopfarbeit aufgehoben werden sollte, was u. a. die Entwicklung einer eigenständigen Arbeiterliteratur und die Hinführung der Arbeiter zum Schreiben beinhalten sollte.

Der sozialistische Realismus bedeutete eine Einschränkung der künstlerischen Freiheit und zog eine gewisse Eintönigkeit bzw. einen Schematismus der Werke nach sich. Das zeigte sich auch an der mangelnden Darstellung von Konflikten in den Werken. Das einzige Ziel der Lektüre sollte die **ideologische Erbauung** und **politische Teilnahme** sein.

9

AFB II

Untersuchen Sie das Kompositionsprinzip in Ingeborg Bachmanns Gedicht „Reklame".

M1 **Ingeborg Bachmann: „Reklame" (1956/57)**

Wohin aber gehen wir
ohne sorge sei ohne sorge
wenn es dunkel und wenn es kalt wird
sei ohne Sorge
aber
mit musik
was sollen wir tun
heiter und mit musik
und denken
heiter
angesichts eines Endes
mit musik
und wohin tragen wir
am besten
unsre Fragen und den Schauer aller Jahre
in die Traumwäscherei ohne sorge sei ohne sorge
was aber geschieht
am besten
wenn Totenstille

eintritt.

Das Gedicht hat einen **antithetischen Aufbau,** wobei zwei Texte so miteinander verwoben sind, dass die unmittelbar aufeinander folgenden Verszeilen jeweils im Gegensatz zueinander stehen. Auffällig hierbei sind:

- der Wechsel von zwei Schrifttypen,
- die uneinheitliche Großschreibung der Substantive und
- das unregelmäßige Druckbild (Zeilenlängen von zwei bis 15 Silben).

Das Gedicht ist aus **zwei Texten montiert,** die anhand der verschiedenen Schriftauszeichnungen zu erkennen sind. Es besteht aus:

- vier Fragen, die den Sinn des Lebens angesichts des Todes betreffen,
- Bruchstücken von Werbetexten, die in die Fragen eingeschoben sind,
- einer Leerzeile am Ende, die die Sprachlosigkeit unterstreicht, d.h., die existenziellen Fragen können nicht beantwortet werden.

Zeigen Sie die dramaturgische Gestaltung des zwölften Bildes von Max Frischs Drama „Andorra“ auf.

AFB II

M1 **Max Frisch: „Andorra“ (1961); Auszug**

Platz von Andorra. Der Platz ist umstellt von Soldaten in schwarzer Uniform. Gewehr bei Fuß, reglos. Die Andorraner, wie eine Herde im Pferch, warten stumm, was geschehen soll. Lange geschieht nichts. Es wird nur geflüstert.

DOKTOR Nur keine Aufregung. Wenn die Judenschau vorbei ist, bleibt alles wie bisher. Kein Andorraner hat etwas zu fürchten, das haben wir schwarz auf weiß. Ich bleibe Amtsarzt, und der Wirt bleibt Wirt, Andorra bleibt andorranisch …

Trommeln

GESELLE Jetzt verteilen sie die schwarzen Tücher.

Es werden schwarze Tücher ausgeteilt.

DOKTOR Nur jetzt kein Widerstand.

Barblin erscheint, sie geht wie eine Verstörte von Gruppe zu Gruppe, zupft die Leute am Ärmel, die ihr den Rücken kehren, sie flüstert etwas, was man nicht versteht.

WIRT Jetzt sagen sie plötzlich, er sei keiner.

JEMAND Was sagen sie?

WIRT Er sei keiner.

DOKTOR Dabei sieht man's auf den ersten Blick.

JEMAND Wer sagt das?

WIRT Der Lehrer.

DOKTOR Jetzt wird es sich ja zeigen.

WIRT Jedenfalls hat er den Stein geworfen.

JEMAND Ist das erwiesen?

WIRT Erwiesen!?

(aus: Max Frisch: Andorra. Stück in zwölf Bildern. © Suhrkamp, Frankfurt am Main, 1961)

Kontext der Szene

Im zwölften Bild spitzt sich die Handlung des Stücks zu: Auf dem Marktplatz wird eine Judenschau veranstaltet, die den Mörder der Señora, Andris Mutter, entlarven soll, die durch einen Steinwurf getötet wurde. Laut Zeugenaussagen soll es Andri gewesen sein, der Sohn des Lehrers. Andri wurde von dem Lehrer immer als jüdisches Findelkind ausgegeben – obwohl er kein Jude ist –, weil er unehelich geboren wurde.

Wie in der klassischen Dramenkomposition führt das letzte Bild in die **Katastrophe:** Nur der Lehrer versucht, das Schlimmste zu verhindern, die Andorraner fürchten um ihre eigene Haut. Andri wird exekutiert.

10

AFB II

Fortsetzung: Zeigen Sie die dramaturgische Gestaltung des zwölften Bildes von Max Frischs Drama „Andorra“ auf.

Dramaturgische Gestaltung

Die dramaturgische Komposition ist geprägt von einer **Symbolhaftigkeit,** die in den Regieanweisungen deutlich wird:

- die Soldaten, die Gewehre und die Trommeln als Symbole für Gewalt,
- das reglose Stehen für die Unmöglichkeit, die drohende Katastrophe aufzuhalten,
- die stummen, wie eingepfercht stehenden und abwartenden Andorraner und die schwarzen Tücher, die die eigentlich „weißen“ Andorraner klaglos annehmen, als Symbole für Anpassung und mangelnde Zivilcourage,
- die Ignoranz gegenüber Barblin (die Andorraner zeigen ihr den Rücken und reagieren nicht darauf, dass sie sie am Ärmel zupft) für die Furcht der Andorraner und die Absicht, nur ihre eigene Haut zu retten.

Die Statik der Szene verleiht den symbolhaften Handlungen und Requisiten eine gewisse Modellhaftigkeit, da sie stets gegenwärtig sind.

Der Dialog ist in der besonderen Form der **Stichomythie** aufgebaut. Die zeilenweise wechselnde Rede der Figuren zeigt das mangelnde Interesse an den eigentlichen Ereignissen und dem drohenden Schicksal Andris. Eine Kommunikation ist nur noch in Fragmenten möglich.

Analysieren Sie Marie Luise Kaschnitz' Gedicht „Die Angst vor einem neuen Krieg".

AFB III

M1 Marie Luise Kaschnitz: „Die Angst vor einem neuen Krieg" (1947)

Es wird doch schon wieder das Lot
Gerichtet und Steine getragen,
Uhren gehen und schlagen,
Wir essen das tägliche Brot.
Warum, warum habt ihr Angst?

Wir fürchten uns nicht, nur
Daß der Krieg wiederkommt, nur
Daß sie uns, eh wir's gedacht,
Wieder verdingen,
Daß durch die stille Nacht
Die Flammen springen,
Daß uns die Saat verdirbt,
Die kaum gesäte,
Daß das Land erstirbt,
Das kaum erspähte,
Der zage Schimmer
Hinter dem Tann.
Und dann,

Dann

Für immer.

(aus: Marie Luise Kaschnitz: Gesammelte Werke in sieben Bänden, Bd. 5, Die Gedichte
© Insel Verlag Frankfurt am Main, 1985)

Das zwei Jahre nach Kriegsende und während des Wiederaufbaus in Deutschland entstandene Gedicht ist von der Angst vor einem neuen Krieg geprägt, die bereits im Titel zum Ausdruck kommt. Sie manifestiert sich folgendermaßen in dem Gedicht:

Erste Strophe

Die erste Strophe geht auf den Wiederaufbau ein und die Tatsache, dass alles wieder im rechten „Lot" zu sein scheint. Diese scheinbare Sicherheit ruft jedoch eine Skepsis hervor, die in der **rhetorischen Frage** „Warum, warum habt ihr Angst?" zum Ausdruck kommt: Eine unterschwellige Angst ist spürbar, dem Frieden ist nicht zu trauen.

Zweite Strophe

Die zweite Strophe beginnt mit der Antwort auf die rhetorische Frage, die die Angst zunächst verneint: „Wir fürchten uns nicht". Das sofort folgende „nur" zeigt jedoch, das die Leugnung der Angst nicht glaubhaft ist. Denn es werden anschließend Befürchtungen aufgereiht, die die rhetorische Frage nun doch positiv beantworten:

- Es besteht eine Furcht vor einem neuen Krieg und der Zerstörung;
- eine Furcht, dass der Friede noch ein zu „zager Schimmer / hinter dem Tann" ist – ein zartes Pflänzchen, das gehegt und gepflegt werden muss und noch zu leicht zu zerstören ist;
- eine Furcht vor der Ideologie, die den Krieg schürt und Menschenopfer fordert („Daß sie uns, eh wir's gedacht, / Wieder verdingen").

Die Befürchtungen werden durch die Stilmittel der **Anapher** und des **Enjambements** verdichtet und spitzen sich – auch optisch – auf ein „dann" / „Für immer" zu. Dazwischen findet sich eine Leerzeile, eine Pause, die als Reflexionspause gedeutet werden kann. Niemand kann sicher sein, ob nicht wieder „durch die stille Nacht / Die Flammen springen".

Durch die Strophenform und die **Anordnung der Zeilen** wird offensichtlich, dass die Bedenken und Ängste größer sind als der Zweckoptimismus. Das Gedichtende zeigt, auf welch dünner Basis dieser Friede steht und dies vielleicht „Für immer".

Gedichtaussage

Das im Nachkriegsdeutschland entstandene Gedicht wurde angesichts einer Denkweise verfasst, die durch wirtschaftlichen Aufschwung und eine „Wir-sind-wieder-wer"-Mentalität gekennzeichnet war. Der Frieden erscheint bei Marie Luise Kaschnitz jedoch als vordergründig und hohl. Die latente Kriegsverehrung vieler Deutscher und einst überzeugter Anhänger der nationalsozialistischen Ideologie lässt den Frieden brüchig werden und die Gefahr, wieder verführbar zu werden, immer präsent sein.

Interpretieren Sie die Kurzgeschichte „Saisonbeginn" von Elisabeth Langgässer.

AFB III

Titel

Der Titel der Kurzgeschichte lässt den Leser zunächst einmal im Unklaren, was mit „Saisonbeginn" gemeint ist: Es könnte der Beginn der Feriensaison, der Badesaison oder der Jagdsaison sein. Am Ende der Erzählung wird klar, dass das zentrale Thema der Erzählung der Beginn der Judenverfolgung ist. Mit Saisonbeginn ist also der Beginn der Jagd auf die Juden gemeint.

Inhalt und Erzähltechnik

Zu Beginn wird eine Kurgemeinde beschrieben, die sich auf den Empfang der Sommergäste vorbereitet.

- Das Dorf in den Bergen ist eine Idylle. Die Landschaft und der Ort selbst entsprechen einer heilen und harmonischen Welt.
- Der Ort rüstet sich für die Kurgäste und die letzten Vorkehrungen werden getroffen.
- Zwei Arbeiter stören diese Vorbereitung jedoch mit dem Aufstellen eines Schildes, das für jeden sichtbar neben einem Kruzifix angebracht werden soll.
- Die Reaktion von Passanten auf das Schild reicht von gleichgültig über begeistert bis bestürzt.
- Erst am Ende erfährt der Leser, was auf dem Schild steht: „In diesem Kurort sind Juden unerwünscht."
- Die Geschichte wird in der **auktorialen Erzählperspektive** dargestellt. Dadurch, dass der Erzähler die Inschrift des Schildes dem Leser bis zum Schluss vorenthält, wird Spannung aufgebaut. Die **Schlusspointe** überrascht den Leser und regt ihn zum Nachdenken an.

Symbolhaftigkeit des Erzählten

Der Ort, die Figuren und die Handlung der Erzählung „Saisonbeginn" tragen stark symbolischen Charakter. Bedeutsam sind in diesem Zusammenhang v. a. die Pedanterie der Arbeiter, das Verhalten der Passanten und die Anspielung auf Golgatha, den Hügel auf dem Jesus gekreuzigt wurde.

Pedanterie der Arbeiter: Die Männer, die dieses Schild aufstellen, sind selbst nur Werkzeug in einem größeren System. Dieses System erwartet von ihnen eine sachgemäße Anbringung des Schildes, was durch die Pedanterie bei der Arbeit verdeutlicht wird. Die drei Männer stehen für einen perfekt organisierten Staatsapparat, der eine solch grausame Tat ermöglicht.

Der Ort und die Passanten: Der Ort selbst steht stellvertretend für die Situation in Deutschland in den ersten Jahren nach der Machtergreifung.

- Die Grausamkeiten des Nationalsozialismus drängen sich überall in eine heile Welt. Die Menschen wollen um jeden Preis ihre heile Welt erhalten, also versuchen sie, die Schrecken zu ignorieren. Niemand der Dorfbewohner hat den Mut, sich zu dem Schild zu äußern oder gar zu handeln.
- Die Kinder, die nicht wirklich begreifen, was passiert, haben Spaß dabei, zu helfen, das Schild aufzustellen.
- Die Passanten symbolisieren die Bevölkerung im Dritten Reich – die Handlanger, die Mitläufer, die Verängstigten und die leicht Verführbaren (die Kinder).
- Die Judenverfolgung steht dabei für die Unterdrückung jeder rassischen, religiösen oder gesellschaftlichen Minderheit.

Die Anspielung auf Golgatha: Bei der Beschreibung des Ortes wird der gekreuzigte Jesus dreimal erwähnt. Nachdem der Pfosten in die Erde gerammt worden ist, verweist der Erzähler sogar auf Golgatha, den Hügel, auf dem Jesus gekreuzigt worden ist.

- Die Arbeit der drei Männer (Aufstellung des Pfostens, Annageln des Schildes) gleicht der Vorbereitung einer Kreuzigung, Hammer, Zange und Nägel sind die entsprechenden Werkzeuge. Die Arbeiter sind gewissermaßen die Henker, die Passanten die Volksmenge.
- Das „Juden unerwünscht“-Schild kommt neben dem Kruzifix zu stehen. Dadurch werden die Kreuzigung Jesu und die Judenverfolgung parallel gesetzt. Dass Jesus Jude war, scheinen die Menschen verdrängt zu haben, sie halten sich für gute Christen und verweisen darauf mit dem Kruzifix am Dorfeingang.

Beurteilen Sie Stefan Heyms Erklärung „Es geht um das Wort" hinsichtlich seiner rhetorischen Wirkung.

AFB III

M1 **Stefan Heym: „Es geht um das Wort" (1979); Auszug**

Ich habe die ganze Zeit geschwiegen. Ich habe geschwiegen, als die Autos der Sicherheitsbehörde sich hier vor mein Haus gepflanzt haben. Ich habe bei anderer Gelegenheit geschwiegen, als sie mir *konspirativ,* mir und meiner Frau, nachgefahren sind, wochenlang. Ich habe sogar noch geschwiegen, als dieses tückische Devisenverfahren gegen mich schon eröffnet war. Aber jetzt hat der Staatsanwalt selbst die Nachricht an die Presse gegeben und so muß ich schon etwas dazu sagen.

Sie reden von Devisen, es geht aber um das Wort, es geht um die Freiheit der Literatur, auch in diesem Lande, auch im Sozialismus. Man hat eine Verordnung, die eine reine Zensurverordnung ist und verwaltet wird vom Büro für Urheberrechte, mit dem Devisengesetz gekoppelt, und jeder Autor, der ein Buch veröffentlichen will, welches hier nicht gebilligt wird, muß automatisch mit dem Devisengesetz in Konflikt kommen und wird mit zehntausend Mark Geldstrafe oder mit zwei bis zehn Jahren Gefängnis bestraft. So ist die Lage. [...]

(aus: Wege und Umwege. Streitbare Schriften aus fünf Jahrzehnten. © 1980 Stefan Heym)

Stefan Heym verfasste diese Erklärung 1979 für das ZDF. Das Dokument veranschaulicht die Situation der sozialistischen Schriftsteller in der DDR. Heym sollte, wie andere Autoren, die DDR freiwillig verlassen. Um dies zu erreichen, war er überwacht, abgehört und unter Druck gesetzt worden.

Rhetorischer Aufbau und Wirkung

Der Text beginnt mit einer vierfachen Wiederholung seines bisherigen Schweigens **(Repetitio),** die die Bedeutung der Erklärung hervorhebt. Danach geht Heym zum Angriff über: Er geht auf die fatale Kopplung von Zensurverordnung und Devisengesetz ein und die daraus resultierenden Folgen für kritische Autoren. Diese Passage ist als **Klimax** angeordnet:

- offizielle Aussagen der Behörden („Sie reden von Devisen, [...]"),
- Tatsache der Koppelung der Zensurverordnung mit dem Devisengesetz,
- Konsequenz: Autoren, die unerwünschte Bücher veröffentlichen wollen, werden mit einer Geldstrafe oder Gefängnis bestraft.

Heym wendet sich gegen eine Kriminalisierung seiner Person, die in keinem Verhältnis zu seinem angeblichen Vergehen steht. Er betont eindringlich, dass die Literatur von der Zensur bedroht wird. Die Gedankenfreiheit wird über den Umweg des Devisengesetzes zunichte gemacht.

14

AFB III

Setzen Sie sich mit der Frage auseinander, inwiefern Kassandra in Christa Wolfs gleichnamiger Erzählung als Frauenfigur im Spannungsfeld von Emanzipation und Resignation steht.

Im Mittelpunkt von Christa Wolfs Erzählung „Kassandra" steht die trojanische Königstochter, die von Apoll die Sehergabe erhalten hat. Als sie sich ihm jedoch verweigert, belegt Apoll sie mit der Strafe, dass niemand ihren Weissagungen je Glauben schenken soll. Aus dieser Strafe erwächst die Spannung in ihrem Leben zwischen Emanzipation und Resignation.

Aspekte der Emanzipation

- Kassandra ist Priesterin geworden, um sich als Frau **von den Zwängen zu befreien,** denen sie als Königstochter ausgesetzt wäre.
- Kassandra ist eine aktive Frau, ein handelndes Subjekt, die ihre **Bedürfnisse artikuliert** und über ihr **Leben reflektiert** und somit die Möglichkeiten und Grenzen einer weiblichen Existenz auslotet.
- Im Vergleich zu der Geschichte der Kassandra in der Tragödientrilogie „Orestie" von Aischylos, die Christa Wolf als Vorlage gedient hatte und in der Kassandra sich selbst fremd geworden und lediglich das Sprachrohr von machtbesessenen Göttern ist, ist Wolfs Kassandra eine Frau, die **Angst, Schmerz und Wahnsinn** spürt und auch **zum Ausdruck bringt.**

Aspekte der Resignation

- Kassandra versucht sich dem **„männlichen" Prinzip der Griechen,** das nur Sieg oder Niederlage, Freund oder Feind, Leben oder Tod kennt, vergeblich zu widersetzen.
- Sie versucht vergeblich, durch ihre Anteilnahme, Sinnlichkeit, Liebe und Glückssehnsucht ein **weibliches Gegengewicht** in diese männliche, rationale Welt zu bringen.
- Die Folge ist, dass sie die **Rolle der Frau in der Männergesellschaft** spielen muss, die darin besteht, dass sie **zum Objekt degradiert** und unterdrückt wird.
- Ihre Seherfähigkeiten geben ihr Wissen, das sie jedoch mit den Herrschenden in Konflikt geraten lässt. Sie befindet sich in dem **Konflikt** zwischen dem **Anspruch auf Wahrheit** und dem **Interesse der Herrschenden.**
- Sie weiß um ihr Schicksal und um das von Agamemnon, ist jedoch aufgrund der Strafe, mit der sie Apoll belegt hat, **ohnmächtig,** etwas zu ändern oder anders zu handeln.

15

Analysieren und bewerten Sie die Aussage des Angeklagten 2 in Peter Weiss' Theaterstück „Die Ermittlung".

AFB III

M1 **Peter Weiss: „Die Ermittlung" (1965); Auszug**

RICHTER Angeklagter Boger
Geben Sie zu
daß Sie diesen Zeugen mißhandelt haben
ANGEKLAGTER 2 Darauf gibt es nur ein klares und bestimmtes Nein
ZEUGE 8 Bis heute habe ich Spuren davon
ANGEKLAGTER 2 Aber nicht von mir
RICHTER Angeklagter Boger
Haben Sie Behandlungen an dem hier geschilderten Instrument vollzogen
ANGEKLAGTER 2 In gewissen Fällen
hatte ich sie anzuordnen
Ausgeführt wurde die Strafe
von den Funktionshäftlingen
unter meiner Aufsicht
RICHTER Angeklagter Boger
halten Sie die Darstellung des Zeugen
für lügenhaft
ANGEKLAGTER 2 Die Darstellung ist lückenhaft
und nicht in allen Teilen
der Wahrheit entsprechend
RICHTER Wie war die Wahrheit
ANGEKLAGTER 2 Wenn der Häftling gestanden hatte
wurde die Bestrafung sofort eingestellt [...]
Sie unterlagen meiner befehlsbestimmten Verantwortung
Im übrigen bin ich der Meinung
daß auch heute noch
die Prügelstrafe angebracht wäre
zum Beispiel im Jugendstrafrecht
um Herr zu werden über manche Fälle
von Verrohung

(aus: Peter Weiss: Die Ermittlung. © Suhrkamp, Frankfurt am Main, 2005)

Das Stück „Die Ermittlung" ist eine szenische Dokumentation des Frankfurter Auschwitz-Prozesses, der zwischen 1963 und 1965 stattfand und an dem Weiss als Beobachter teilnahm. Der Prozess trug dazu bei, dass die Auseinandersetzung mit den Verbrechen der NS-Zeit ins öffentliche Bewusstsein gerückt wurde. In dem Stück verarbeitet Weiss seine Eindrücke.

15

AFB III

Fortsetzung: Analysieren und bewerten Sie die Aussage des Angeklagten 2 in Peter Weiss' Theaterstück „Die Ermittlung".

Der Auszug aus „Die Ermittlung" zeigt eine **Gerichtssituation,** bei der alle an der Verhandlung beteiligten Seiten vertreten sind: Richter, Zeuge, Angeklagter. Dadurch werden die unterschiedlichen Sichtweisen auf den zu verhandelnden Sachverhalt deutlich.

Formale Aspekte

Fehlende Interpunktion betont den **Dokumentarcharakter** des Dialogs. Sie ruft auch eine **Emotionslosigkeit der Sprache** hervor.
Die von Empathie freie Sprache ist die Sprache einer verwalteten Welt, die über den Menschen verfügt, genau wie Menschen durch Machtbefugnisse über andere Menschen verfügen. So wird der Zusammenhang zwischen den Verwaltungsstrukturen eines Unrechtstaates und den Verwaltungsstrukturen einer jeden Bürokratie deutlich: Der Angeklagte wird von einem Staat zur Rechenschaft gezogen, der sich derselben Mittel bedient wie der Angeklagte, als er noch seine Machtbefugnis besaß und Macht ausüben konnte.

Der Angeklagte

Die Haltung des Angeklagten wird v. a. durch die Terminologie, die er verwendet, verdeutlicht. Sie ist noch dieselbe wie zu der Zeit als er seine Machtbefugnis hatte. Auch seine Einstellung hat sich nicht verändert, d. h., er zeigt keine Einsicht in die Verwerflichkeit seiner Taten. Er fühlt sich im Gegenteil zu Unrecht zur Rechenschaft gezogen. Folgende Merkmale sind charakteristisch für die Äußerungen des Angeklagten:

- ungenaue Angaben, verschleiernde oder abschweifende Äußerungen,
- oberflächlicher Umgang mit den vergangenen Ereignissen,
- Zurückweisen von Schuld, Verweis auf die Pflicht, Befehle zu befolgen,
- Aggressivität, Angriff auf den Zeugen,
- Rechtfertigung der Prügelstrafe, so wird die Schuld verdrängt und die Angst vor Bestrafung evident.

Die Aussagen des Angeklagten bieten keinerlei Möglichkeiten zur Identifikation. Der Leser bzw. Zuschauer ist gezwungen, sich selbst mit der Situation gedanklich auseinanderzusetzen, d. h., er muss das leisten, was der Angeklagte zu leisten versäumt hat.

16 Interpretieren Sie Sarah Kirschs Gedicht „Im Sommer".

AFB III

M1 **Sarah Kirsch: „Im Sommer" (1977)**

Dünnbesiedelt das Land.
Trotz riesigen Feldern und Maschinen
Liegen die Dörfer schläfrig
In Buchsbaumgärten; die Katzen
Trifft selten ein Steinwurf.

Im August fallen Sterne.
Im September bläst man die Jagd an.
Noch fliegt die Graugans, spaziert der Storch
Durch unvergiftete Wiesen. Ach, die Wolken
Wie Berge fliegen sie über die Wälder.

Wenn man hier keine Zeitung hält
Ist die Welt in Ordnung,
In Pflaumenmuskesseln
Spiegelt sich schön das eigne Gesicht und
Feuerrot leuchten die Felder.

(aus: Sarah Kirsch: Sämtliche Gedichte © 2005 DVA, München, in der Verlagsgruppe Random House)

Erste Strophe

Sarah Kirsch beschreibt eine Landschaft im Sommer: weite Felder, ruhig gelegene Dörfer mit Gärten. Die zweite Strophe evoziert Bilder von nächtlichen Sternschnuppen und eine Jagdszene.

Doch die Dorfidylle ist gebrochen: Die Beschreibung der Natur ist eher nüchtern, sie ruft eine öde Stimmung hervor, die v. a. durch die leeren Felder unterstrichen wird. Auf den Feldern sind keine Menschen, sondern Maschinen. Bereits im zweiten Vers wird deutlich, dass Sarah Kirsch keine intakte, ursprüngliche Natur beschreibt, sondern eine von leblosen Maschinen bedrohte. Auf den Feldern trifft das Leblose auf das Lebendige.

Die **Natur** erscheint im gesamten Gedicht als vom **Menschen** und der **Technik** beherrscht und verändert. Dafür stehen vor allem die Buchsbaumgärten: Gärten als vom Menschen kultivierte Natur und zugleich von Buchsbaumhecken eingegrenzt, die in der Regel nicht natürlich wachsen, sondern in Formschnitt gebracht werden.

Fortsetzung: Interpretieren Sie Sarah Kirschs Gedicht „Im Sommer“.

Zweite Strophe

Der Eingriff es Menschen in die Natur ist bereits so schwerwiegend, dass die natürlichen Zyklen in Gefahr sind. Das schildert die zweite Strophe, die zunächst noch idyllisch mit den Sternschnuppe und der Jagdszene beginnt. Aber bereits die Jagd ist ein Eingriff des Menschen in die Natur. Der dritte Vers beginnt mit „noch“, was darauf hinweist, dass die **Intaktheit der Natur gefährdet** ist. Der Mensch hat mit seinen Eingriffen Prozesse in Gang gesetzt, die die Zerstörung der Natur zur Folge haben. Die Graugans fliegt zwar „noch“, ist also noch nicht ausgerottet oder durch eine Klimaveränderung beeinträchtigt, und der Storch spaziert „noch“ durch unvergiftete Wiesen. Aber das Gedicht scheint zu fragen: Wie lange noch?

Dritte Strophe

Das Bild der Natur scheint perfekt zu sein, es kann jedoch jederzeit zerstört werden. Das betont auch die dritte Strophe. Solange man über die langsam fortschreitende Zerstörung der Natur nichts weiß (Zeitung), scheint die Welt in Ordnung, die Idylle perfekt.

Die **Ambivalenz von Naturidyll und Zerstörung** wird im letzen Vers zum Ausdruck gebracht. Das feuerrote Leuchten der Felder kann sowohl als „schöne“ Farbe der reifen Natur im Herbst gelesen werden, beinhaltet jedoch auch die Zerstörung durch das Feuer.

Aussage des Gedichts

Das Gedicht feiert einerseits die Schönheit der Natur, weist aber andererseits daraufhin, dass das Naturidyll in heutigen Zeiten oft täuscht, da Natur im Begriff ist, durch den Menschen zerstört zu werden. Es geht auf einer allgemeineren Ebene um den Gegensatz von **Natur** und **Kultur,** von **Ursprünglichkeit** und **Beherrschung** (und letztlich Zerstörung) **der Natur durch die Technik.** Dennoch schließt Sarah Kirsch mit einem positiven Bild. Eine Einheit des Menschen mit der Natur gibt es noch. Das Bild dafür sind die Pflaumenmuskessel – eine Verbindung von Natur (die Frucht) und Kultur (das Einkochen). In der Verbindung von Natur und Kultur kann sich der Mensch noch „schön“ in der Natur finden.

17

Vergleichen Sie die Textauszüge aus Patrick Süskinds Roman „Das Parfum" und Heinrich von Kleists Novelle „Michael Kohlhaas" im Hinblick auf ihre Entstehungszeit.

AFB III

M1 Patrick Süskind: „Das Parfum" (1985); Auszug

Im achtzehnten Jahrhundert lebte in Frankreich ein Mann, der zu den genialsten und abscheulichsten Gestalten dieser an genialen und abscheulichen Gestalten nicht armen Epoche gehörte. Seine Geschichte soll hier erzählt werden. Er hieß Jean-Baptiste Grenouille, und wenn sein Name im Gegensatz zu den Namen anderer genialer Scheusale, wie etwas de Sades, Saint-Justs, Fouchés, Bonapartes usw., heute in Vergessenheit geraten ist, so sicher nicht deshalb, weil Grenouille diesen berühmteren Finstermännern an Selbstüberhebung, Menschenverachtung, Immoralität, kurz an Gottlosigkeit nachgestanden hätte, sondern weil sich sein Genie und sein einziger Ehrgeiz auf ein Gebiet beschränkte, welches in der Geschichte keine Spuren hinterläßt: auf das flüchtige Reich der Gerüche. [...]

(Patrick Süskind: Das Parfum. © Diogenes, Zürich 1985)

M2 Heinrich von Kleist: „Michael Kohlhaas" (1808); Auszug

An den Ufern der Havel lebte, um die Mitte des sechzehnten Jahrhunderts, ein Rosshändler, namens *Michael Kohlhaas,* Sohn eines Schulmeisters, einer der rechtschaffensten zugleich und entsetzlichsten Menschen seiner Zeit. – Dieser außerordentliche Mann würde, bis in sein dreißigstes Jahr für das Muster eines guten Staatsbürgers haben gelten können. Er besaß in einem Dorfe, das noch von ihm den Namen führt, einen Meierhof, auf welchem er sich durch sein Gewerbe ruhig ernährte; die Kinder, die ihm sein Weib schenkte, erzog er, in der Furcht Gottes, zur Arbeitsamkeit und Treue; nicht einer war unter seinen Nachbarn, der sich nicht seiner Wohltätigkeit oder seiner Gerechtigkeit erfreut hätte; kurz, die Welt würde sein Andenken haben segnen müssen, wenn er in einer Tugend nicht ausgeschweift hätte. Das Rechtgefühl aber machte ihn zum Räuber und Mörder. [...]

Vergleich der beiden Textauszüge

Die beiden Texte stammen aus unterschiedlichen Jahrhunderten: Der Roman „Das Parfum" aus dem 20. Jahrhundert, die Novelle „Michael Kohlhaas" aus dem 18. Jahrhundert; zwischen den beiden Entstehungszeiten liegen beinahe 180 Jahre. Dennoch lassen sich Gemeinsamkeiten bei den beiden Textauszügen feststellen:

- **historischer Schreibstil** (Hypotaxe, differenziertes Vokabular, Hochsprache),

17

AFB III

Fortsetzung: Vergleichen Sie die Textauszüge aus Patrick Süskinds Roman „Das Parfum" und Heinrich von Kleists Novelle „Michael Kohlhaas" im Hinblick auf ihre Entstehungszeit.

- **auktorialer Erzähler,** der den Protagonisten charakterisiert und die Handlung vorwegnimmt und bewertet.

Bei Süskind: genial, abscheulich, Menschenverachtung, Selbstüberhebung, Immoralität.

Bei Kleist: rechtschaffen, entsetzlich, guter Staatsbürger, Gottesfurcht, Arbeitsamkeit, Treue, Wohltätigkeit, Gerechtigkeit, Tugend, Rechtsgefühl.

- Nennung von **Ort, Hauptperson** und **zentralem Aspekt** der Handlung gleich zu Beginn.

Bei Süskind: 18. Jahrhundert, Frankreich, schreckliche Tat, die mit dem Reich der Gerüche zu tun hat.

Bei Kleist: an den Ufern der Havel, Mitte des 16. Jahrhunderts, sein Rechtsgefühl machte ihn zum Mörder.

Der Roman der Postmoderne

Süskinds Roman „Das Parfum" ist ein Beispiel für den postmodernen Roman.

Der Begriff der Postmoderne

Der Begriff, der aus der Kunsttheorie stammt, bezeichnet in der Literatur Bestrebungen ab den 1980er-Jahren, sich von den avantgardistischen Zielen und Techniken der Moderne abzuwenden und Formen aufzunehmen, die die Moderne als veraltet abgelehnt hatte („Rückkehr der Erzähler").

Das Schlagwort „Rückkehr der Erzähler" gilt auch für „Das Parfum". Es ist ein historischer Kriminalroman und gleichzeitig eine Sitten- und Kulturgeschichte des 18. Jahrhunderts, die eine detailgenaue Einführung in die Parfümherstellung bietet. Er zeigt eine Wiederbelebung eines Erzählens, das auf Spannung baut, und weist folgende Merkmale auf, die sich ebenso in Kleists Novelle „Michael Kohlhaas" finden:

- geschlossener Erzählaufbau und chronologisches Erzählen,
- nachvollziehbare Handlung und Sprache,
- Rückgriff auf einen historischen Stoff.

KAPITEL 13

Deutschsprachige Literatur nach 1990

Alle Fragen im Überblick

AFB I

1 **Definieren Sie** den Begriff „Popliteratur“ mithilfe von Dirk Franks Text „Was ist Popliteratur“.

2 **Skizzieren Sie** die wichtigsten Merkmale und Themen der Literatur nach 1990.

3 **Nennen Sie** Autoren und Werke der Literatur nach 1990 und **skizzieren Sie** kurz deren Inhalte.

AFB II

4 **Arbeiten Sie** auf der Grundlage des Textauszugs aus Bernhard Schlinks Roman „Der Vorleser“ **heraus,** welches Problem im Umgang mit Schuld angesprochen wird.

5 **Beschreiben Sie** die Bedeutung der scheinbar unwichtigen Alltagsbegebenheit in dem vorliegenden Textauszug aus Ingo Schulzes Roman „Simple Storys“.

6 **Zeigen Sie auf,** welche Rolle die Medien und die Musik in dem Textauszug aus „Soloalbum“ von Benjamin von Stuckrad-Barre spielen.

7 **Beschreiben Sie** anhand der vorliegenden Textstellen aus „Im Krebsgang“ von Günter Grass die Lebenssituation des Icherzählers.

AFB III

8 **Analysieren Sie** Ulla Hahns Gedicht „Fang“.

9 **Setzen Sie sich** anhand des Textauszuges aus Zoë Jennys Roman „Das Blütenstaubzimmer“ mit dem Handlungsort und den gewählten Motiven **auseinander.**

10 **Untersuchen Sie** den Textauszug aus dem Monolog „Der direkte Draht zum schwarzen Mann“ aus Feridun Zaimoglus „Kanak Sprak“ hinsichtlich der sprachlichen Besonderheiten.

11 **Setzen Sie sich** anhand des vorliegenden Auszugs aus Judith Hermanns Erzählung „Sonja“ aus dem Erzählband „Sommerhaus, später“ mit dem Erzählstil **auseinander.**

12 **Prüfen Sie** die Bedeutung des Begriffs „literarisches Fräuleinwunder“, der von Volker Hage geprägt wurde, und **zeigen Sie** den Stellenwert von zeitgenössischen Autorinnen **auf.**

1

AFB I

Definieren Sie den Begriff „Popliteratur" mithilfe von Dirk Franks Text „Was ist Popliteratur".

M1 **Dirk Frank: „Was ist Popliteratur" (2003)**

Formale Eingängigkeit, d.h. die Verwendung von einfachen Prosa- und Lyrikformen, von Umgangs- und Szenensprache; inhaltlich ein affirmatives, also bejahendes Verhältnis zur zunehmend medial geprägten Alltagswelt jugendlicher und jung gebliebener Menschen. Die Popliteraten suchen ihr Material, ihre Themen und Schreibanlässe dort, wo die Hochliteratur, die sich traditionell dem Unergründeten, Unbeschriebenen und Authentischen widmet, die Inszenierung, den Hype, die Oberfläche vermutet. Popliteratur wendet sich der Oberfläche zu, ohne dabei selber oberflächlich sein zu wollen.

Die Popliteratur ist eine Literaturform, die an die Pop-Art in der bildenden Kunst anknüpft und in den 1960er-Jahren entstand. Die frühe Popliteratur wandte sich mit provokanten Mitteln kritisch gegen die etablierte Gesellschaft und vor allem gegen die kommerzielle Unterhaltungsliteratur. Im Gegensatz dazu verzichtet die Popliteratur der 1990er-Jahre bewusst auf politisches Aufbegehren und Provokation. Dirk Frank fasst in seiner Definition die wichtigsten Elemente dieser Literatur zusammen.
Frank definiert den Begriff „Popliteratur" sowohl formal als auch inhaltlich.

Formal kennzeichnet die Popliteratur:
- eine für den Leser eingängige Sprache;
- der Rückgriff auf einfache Prosa- und Lyrikformen;
- die Verwendung von Umgangssprache oder Szenesprache.

Inhaltlich sind folgende Merkmale zu erkennen:
- Bejahung einer von Medien geprägten Wirklichkeit und derjenigen, die an dieser Wirklichkeit teilnehmen, d.h. junge oder jung gebliebene Menschen.
- Material und Themen entstammen der „Oberfläche", also der Welt der kurzlebigen Trends.
- Es findet keine Auseinandersetzung mit den Dingen, die sich hinter der Oberfläche verbergen, statt.

2

Skizzieren Sie die wichtigsten Merkmale und Themen der Literatur nach 1990.

AFB I

Die Literatur nach 1990 ist sowohl durch **stilistische** als auch **thematische Vielfalt** gekennzeichnet.

In zahlreichen **Werken nach 1990** wurden die deutsche Einheit, die Situation in Deutschland nach der Wende und die Probleme zwischen Ost- und Westdeutschland literarisch verarbeitet.

Für die **Autoren der ehemaligen DDR** bedeutete die deutsche Einheit einen scharfen Einschnitt. Für sie wurden u. a. folgende Themen relevant:

- gesellschaftliche Umwälzungen,
- radikale Veränderung des Alltags,
- Verlust der sozialistischen Utopien,
- Verhältnis zur Staatssicherheit.

Neben dem Themenkomplex von deutscher Einheit und Nachwendezeit wurden folgende Themenkreise aus dem **gesellschaftlichen Alltag** relevant:

- Arbeitslosigkeit,
- Fremdenfeindlichkeit und Rassismus,
- Naturzerstörung,
- moderne Medien.

Die **jüngste Autorengeneration** wendet sich gegen die traditionelle Auffassung, Literatur müsse nicht nur eine politische, sondern auch eine moralische Funktion übernehmen. Vielmehr spielt das eigene Lebensgefühl und die eigenen biografischen oder zeitgeschichtlichen Erfahrungen eine entscheidende Rolle.

AFB I

3

Nennen Sie Autoren und Werke der Literatur nach 1990 und skizzieren Sie kurz deren Inhalte.

Die Literatur nach 1990 ist durch einen **Pluralismus an Stilen und Themen** gekennzeichnet. Folgende Autoren und Werke stehen stellvertretend für diese Vielfalt:

Autor	Werk	Thema
Robert Schneider	„Schlafes Bruder"	Roman über ein musikalisches Genie in enger dörflicher Existenz im 19. Jahrhundert
Thomas Brussig	„Am kürzeren Ende der Sonnenallee"	ironischer Rückblick auf die DDR
Bernhard Schlink	„Der Vorleser"	Roman über die Frage der Schuld einer KZ-Wärterin im Nachkriegsdeutschland
Uwe Timm	„Die Entdeckung der Currywurst"	Verlust und Liebe vor dem Hintergrund des Kriegsendes
Günter Grass	„Im Krebsgang"	Flüchtlingsschicksale, NS-Vergangenheit und Rechtsradikalismus im 20. Jahrhundert
Stefan Heym	„Immer sind die Weiber weg"	Sammlung autobiografischer Geschichten
Rafik Schami	„Erzähler der Nacht"	Roman über die Macht des Erzählens
Marcel Beyer	„Flughunde"	Auseinandersetzung mit der NS-Vergangenheit aus Sicht der Enkelgeneration
Peter Handke	„Die Fahrt im Einbaum oder Das Stück zum Film vom Krieg"	Balkankriege
Christian Kracht	„Faserland"	dekadenter Lebensstil der Jugendlichen in den 1980er-Jahren
Renan Demirkan	„Schwarzer Tee mit drei Stück Zucker"	das Leben einer Türkin in Deutschland

Arbeiten Sie auf der Grundlage des Textauszugs aus Bernhard Schlinks Roman „Der Vorleser" heraus, welches Problem im Umgang mit Schuld angesprochen wird.

AFB II

M1 **Bernhard Schlink: „Der Vorleser" (1995); Auszug**

Ich habe es damals und seitdem immer wieder verworfen. Nein, habe ich mir gesagt, Hanna hatte sich nicht für das Verbrechen entschieden. Sie hatte sich gegen die Beförderung bei Siemens entschieden und war in die Tätigkeit als Aufseherin hineingeraten. Und nein, sie hatte die Zarten und Schwachen nicht mit dem Transport nach Auschwitz geschickt, weil sie ihr vorgelesen hatten, sondern hatte sie fürs Vorlesen ausgewählt, weil sie ihnen den letzten Monat erträglich machen wollte, ehe sie ohnehin nach Auschwitz mußten. Und nein, im Prozeß wog Hanna nicht zwischen der Bloßstellung als Analphabetin und der Bloßstellung als Verbrecherin ab. Sie kalkulierte und taktierte nicht. Sie akzeptierte, daß sie zur Rechenschaft gezogen wurde, wollte nur nicht überdies bloßgestellt werden. Sie verfolgte nicht ihr Interesse, sondern kämpfte um ihre Wahrheit, ihre Gerechtigkeit. Es waren, weil sie sich immer ein bißchen verstellen mußte, weil sie nie ganz offen, nie ganz sie selbst sein konnte, eine klägliche Wahrheit und eine klägliche Gerechtigkeit, aber es waren ihre, und der Kampf darum war ihr Kampf.

(Bernhard Schlink: Der Vorleser. © Diogenes, Zürich 1995)

In dem vorliegenden Textauszug geht es um die **Schuld der Hanna Schmitz.** Der Icherzähler versucht rückblickend, sich über Schuld und Verantwortung seiner ehemaligen Geliebten klarzuwerden, nachdem er Hanna als Angeklagte bei einem Kriegsverbrecherprozess gegen ehemalige KZ-Wärterinnen gesehen hat.

Probleme im Umgang mit Hannas Schuld

Hanna weist Eigenschaften auf, die es schwer machen, ein klares Urteil bezüglich ihrer Vergehen zu fällen.

- Der Icherzähler betont das Unbewusste und Unwillentliche bei ihrem Werdegang. Sie hat keine Entscheidung getroffen, sondern die **Umstände** ließen sie zu dem werden, was aus ihr geworden ist („Hanna hatte sich nicht für das Verbrechen entschieden und war in die Tätigkeit als Aufseherin hineingeraten."). Hanna scheint unfähig, eine **eigenverantwortliche Entscheidung** zu fällen. Sie sieht sich aufgrund ihres Analphabetismus immer einem **Zwang** ausgesetzt („weil sie sich immer ein bisschen verstellen mußte, weil sie nie ganz offen, nie ganz sie selbst sein konnte"), der sich in einem extremen Pflichtgefühl und übersteigerter Arbeitsmoral äußert.

4

AFB II

Fortsetzung: Arbeiten Sie auf der Grundlage des Textauszugs aus Bernhard Schlinks Roman „Der Vorleser" heraus, welches Problem im Umgang mit Schuld angesprochen wird.

- Hannas Schuld ergibt sich aus ihrem **Analphabetismus** und ihrem lebenslangen Bestreben, zu vertuschen, dass sie nicht lesen und schreiben kann. Dieses Bestreben geht sogar so weit, dass sie vor Gericht gesteht, einen Bericht, der sie belastet, geschrieben zu haben, nur damit sie sich keinem Schriftvergleich unterziehen muss, bei dem dann zutage treten würde, dass sie Analphabetin ist („Bloßstellung als Analphabetin", „Bloßstellung als Verbrecherin").
- Ihr Analphabetismus wirft die Frage auf, inwieweit sie überhaupt in der Lage ist, ihr moralisches Handeln bzw. Nicht-Handeln abstrahierend zu beurteilen. Ihre Unfähigkeit zu lesen bedeutet eine **Unmündigkeit,** die ihr keine differenzierte Sichtweise auf die politischen und gesellschaftlichen Geschehnisse um sie herum ermöglicht.
- Hanna ist vordergründig ein bemitleidenswerter Mensch. Ihre Schwäche lässt rasch vergessen, dass sie ein Teil einer menschenverachtenden Vernichtungsmaschinerie war.
- Ihre Schuld wird nicht durch die Aussage gemildert, sie habe den Häftlingen den Aufenthalt kurz vor dem Tod angenehmer gestalten wollen, indem sie sich von den Inhaftierten habe vorlesen lassen. Aus der Sicht der Gefangenen wirkt eine solche Geste zynisch und erniedrigend und lässt Hanna nicht als Wohltäterin dastehen. Vor der KZ-Wirklichkeit einerseits und Hannas Analphabetismus andererseits kann diesem Vorlesen **nichts Humanes** abgerungen werden.

Hannas Schuld

Hannas Schuld besteht darin, nichts gegen ihre selbstverschuldete Unmündigkeit unternommen und stattdessen billigend in Kauf genommen zu haben, dass sie sich an Naziverbrechen beteiligt, nur um ihre Schwäche zu vertuschen. Ihre Schuld ist in ihrer **Passivität** und der in zunehmendem Maße daraus resultierenden **Abhängigkeit** zu sehen. Sie hat isoliert in ihrer eigenen Welt gelebt, in der es weder Recht noch Unrecht gab, sondern nur **blinde Akzeptanz der Autorität.**

5

Beschreiben Sie die Bedeutung der scheinbar unwichtigen Alltagsbegebenheit in dem vorliegenden Textauszug aus Ingo Schulzes Roman „Simple Storys".

AFB II

M1 **Ingo Schulze: „Simple Storys" (1998); Auszug**

Kapitel 2 – Neues Geld

Conni Schubert erzählt eine alte Geschichte: Ein Mann kommt in die Stadt, macht Geschäfte, nimmt sich ein Mädchen und verschwindet. Blauäugigkeit und Voraussicht.

Harry Nelson kam im Mai 90, eine Woche nach meinem neunzehnten Geburtstag, aus Frankfurt nach Altenburg. Er suchte nach Häusern, vor allem aber nach Bauland an den Zufahrtsstraßen zur Stadt. Es ging um Tankstellen. Harry war mittelgroß, brünett und Nichtraucher. Er wohnte im einzigen Hotel, dem „Wenzel", in der ersten Etage. Überall, wo er auftauchte, selbst beim Frühstück oder Abendbrot, sah man ihn mit seinem ledernen Aktenkoffer, der zwei Zahlenschlösser hatte. [...]

Ich mochte Harry, vor allem die Art, wie er hereinkam, uns zunickte, sich setzte, die Beine übereinanderschlug und dabei seine Hose am Knie ein Stück nach oben zog, wie er Wein probierte und die Serviette auseinanderfaltete. [...]

(Ingo Schulze: Simple Storys. Berlin [Berlin Verlag] 1998)

Der Roman „Simple Storys" besteht aus 29 Geschichten, in denen Personen aus der ehemaligen DDR die **Wendezeit nach 1989** erleben. Die Erlebnisse finden im privaten Bereich der Personen statt, jedoch immer vor dem Hintergrund des großen historischen Ereignisses. Sie stehen immer in dem Spannungsverhältnis vom Zusammenbruch der alten Ordnung und dem Etablieren einer neuen.

Die Alltagsbegebenheit und ihre Bedeutung

Die vordergründige Alltäglichkeit der Begebenheiten wird aus der Sicht der Kellnerin Conni erzählt und beschränkt sich auf folgende Informationen:

- Name und Datum der Ankunft eines Mannes in der Stadt,
- Aussehen und besondere Eigenschaften von Harry Nelson,
- der Grund seines Besuchs in der Stadt,
- seine Unterkunft,
- sein Verhalten im Restaurant.

Das scheinbar Alltägliche gewinnt an Bedeutung, weil es erwähnt und genau beschrieben wird. In den Turbulenzen nach der Wiedervereinigung scheint jedes Detail an Bedeutung zu gewinnen, denn erst im Detail lernt der Leser, welche **Tragweite die Wiedervereinigung** hat.

6

AFB II

Zeigen Sie auf, welche Rolle die Medien und die Musik in dem Textauszug aus „Soloalbum" von Benjamin von Stuckrad-Barre spielen.

M1 **Benjamin von Stuckrad-Barre: „Soloalbum" (1998); Auszug**

Per Fax ist natürlich gemein. Dafür hatte ich das Ding nun wirklich nicht angeschafft. Bei aller Geringschätzung meine ich auch, man hat schon das Anrecht auf eine staatstragende Beendigungszeremonie mit Heulen und Umarmen und allem. Oder wenigstens ein Brief. Aber doch kein Fax! Warum nicht gleich per Sportflugzeugspruchband, oder Maren Gilzer dreht beim Glücksrad einfach mal „Aus die Maus" um. Das wäre doch toll.

So aber nur ein Fax, und auf 2 Seiten wurden einfach mal so in völlig nebensächlicher mir-doch-egal-Schrift vier Jahre letztgültig verhandelt und verurteilt, weg damit. Da fehlt der theoretische Unterbau, wird auch sie sich zum Schluss gedacht haben, das Fundament, die Legitimation. Und als könne das nun irgendwas nützen, hat sie einfach mal, völlig zusammenhanglos, ein Zitat von den Smashing Pumpkins dazugeschrieben. Ein Satz, der uns erfreut hat, von einer Platte, die uns viel bedeutet hat, DAMALS. Aber jetzt einfach so isoliert, die Bedeutung zahlt der Empfänger:

„The killer in me is the killer in you"

Gewiss doch.

(Benjamin von Stuckrad-Barre: Soloalbum. © 1998, 2008 by Verlag Kiepenheuer & Witsch, Köln)

Hinweise auf Medien und Musik

- das Fax als Kommunikationsmittel,
- der Brief als Kommunikationsmittel,
- das Sportflugzeugband als theoretisches Medium der Kommunikation, allerdings mit ironischer Bedeutung,
- eine Fernsehshow, ebenfalls in ironischer Absicht genannt,
- ein Liedtitel von den „Smashing Pumpkins" als literarisches Versatzstück.

Die Rolle der Medien

Die Nennung der Medien unterstreichen die Übertreibung (Hyperbel) und Ironie, mit denen der Erzähler aus einer persönlichen Verletzung heraus dem Leser begegnet. Auf diese Weise versucht er, sich von der Verletzung zu distanzieren. Die Musik bzw. die Zeile des Liedtextes ersetzt die eigene Unfähigkeit, die momentan empfundene Krise zu versprachlichen. Die Medien und die Musik erscheinen in dem Text als literarische Versatzstücke und Stilmittel, die verdeutlichen, dass trotz Medieneinsatz eine richtige Kommunikation zwischen zwei Menschen nicht stattfinden kann.

7

Beschreiben Sie anhand der vorliegenden Textstellen aus „Im Krebsgang“ von Günter Grass die Lebenssituation des Icherzählers.

AFB II

M1 **Günter Grass: „Im Krebsgang“ (2002); Auszug**

Nein, ich habe keinen richtigen Vater gehabt, nur austauschbare Phantome. Da waren die drei Helden, die mir jetzt wichtig sein müssen, besser dran. Jedenfalls hat Mutter selbst nicht gewußt, wer sie geschwängert hatte, als sie mit ihren Eltern am Vormittag des dreißigsten Januar fünfundvierzig [...] eingeschifft wurde. [...]
Mochte doch keiner was davon hören, hier im Westen nicht und im Osten schon gar nicht. Die *Gustloff* und ihre verfluchte Geschichte waren jahrzehntelang tabu, gesamtdeutsch sozusagen. Mutter hörte trotzdem nicht auf, mir per Kurierpost in den Ohren zu liegen. Als ich das Studium geschmissen hatte und ziemlich rechtslastig für Springer zu schreiben begann, bekam ich zu lesen: „Der ist ein Revanchist. Der setzt sich für uns Vertriebene ein.“ [...]
Da ist es wieder, das verdammte Datum. Die Geschichte, genauer, die von uns angerührte Geschichte ist ein verstopftes Klo. Wir spülen und spülen, die Scheiße kommt dennoch hoch. Zum Beispiel dieser vermaledeite Dreißigste. Wie er mir anhängt, mich stempelt. Nichts hat es gebracht, daß ich mich jederzeit [...] geweigert habe, im Freundes-, Kollegen- oder Bekanntenkreis meinen Geburtstag zu feiern. Immer war ich besorgt, es könne mir bei einer solchen Fete [...] die dreimal verfluchte Bedeutung des Dreißigsten draufgesattelt werden.

Der Icherzähler Paul gilt in seiner Familie als Versager, auch sein Eigenbild ist von zahlreichen **negativen Eigenschaften** gekennzeichnet. Die Gründe dafür liegen in der Vergangenheit. Seine Lebenssituation ist geprägt von einem „Erbe“, für das er eigentlich nichts kann:

- **Pauls Vater** ist unbekannt, ihm fehlt die väterliche Identifikationsfigur;
- **sein Geburtstag** an einem historisch belasteten Datum – ein Datum, das mit Verbrechen und Faschismus assoziiert wird;
- seine **Geburtsumstände** sind alles andere als glücklich, denn er erblickt das Licht der Welt zu einem Zeitpunkt, als Tausende sterben; diese Tatsache verpflichtet ihn moralisch, Zeugnis von dieser Zeit abzulegen;
- die **politische Situation** wird durch das Tabuisieren des Untergangs der „Gustloff“ gekennzeichnet – wegen der Gefahr des Revanchismusverdachts.

Die biografischen Eckdaten zeigen Paul als eine Figur, der es an Selbstbewusstsein mangelt, die darüber hinaus zu Opportunismus neigt und an Orientierungslosigkeit leidet.

8

Analysieren Sie Ulla Hahns Gedicht „Fang“.

AFB III

M1 Ulla Hahn: „Fang“ (2004)

Mit Dichtung mußt du was an
fangen können eine Reise
um die Welt einen Fisch
aus dem Meer – anfangen
wie eine Liebe mit vierzehn
fangen den Ton aus dem Jägerhorn

Mit Dichtung mußt du was an
fangen wollen die Fahrkarte
mußt du schon selber kaufen
oder die Angel den Engel
nicht leugnen wenn er dich ruft
trau dich ihm zu folgen

im Flug ohne Angst
vor dem Absturz oder
der anderen Welt
in die er dich führt
als wärest du dort
schon immer zu Hause gewesen

(aus: Ulla Hahn: So offen die Welt © 2004 DVA, München, in der Verlagsgruppe Random House)

In dem Gedicht setzt sich Ulla Hahn mit der Rezeption von Gedichten auseinander, indem sie mit dem Verb **„fangen“** und seinen **Derivaten** spielt:

- Der **Titel** bedient sich des Imperativs des Verbs „fangen“ und kann als Aufforderung gesehen werden, den Text zu „fangen“ bzw. „aufzufangen“, ihn zu verstehen und vielleicht weiterzureichen, mit dem Aufruf: „Fang“.
- Dieses Weiterführen des Textes wird durch den **Hakenstil** verdeutlicht, bei dem das Ende von Phrasen oder Sätzen in der Mitte der Zeile liegt.
- Die Lyrikerin geht von der wichtigen Annahme aus, dass jeder Leser etwas mit dem Gedicht „an-fangen“ können muss. Das wird durch die **Anapher** in der ersten und zweiten Strophe verdeutlicht, wobei die Parallelität durch das modale Hilfsverb „wollen“, das „können“ in der ersten Strophe ersetzt, aufgehoben wird. Dichtung will verstanden werden (etwas mit ihr „anfangen“), aber um diese verstehen zu können, muss man damit „anfangen“ (anfangen, sie zu lesen; sie verstehen zu wollen).
- Den Prozess des etwas „Anfangen-Wollens“ und „-Könnens“ hebt die Dichterin in den Bereich der Bildsprache, indem sie sich der **Reisemetapher** bedient. Dadurch wird ersichtlich, dass das Verstehen-Wollen und -Können Selbstinitiative (Fahrkarte, Angel), Vertrauen und Mut erfordert, sich auf sie einzulassen und sich in eine andere Welt führen zu lassen.

Setzen Sie sich anhand des Textauszuges aus Zoë Jennys Roman „Das Blütenstaubzimmer" mit dem Handlungsort und den gewählten Motiven auseinander.

AFB III

M1 **Zoë Jenny: „Das Blütenstaubzimmer" (1997); Auszug**

Die Kirche steht erhöht oberhalb einer mächtigen Treppe, wie eine Mumie eingefasst in ein eisernes Gerüst, das in der Mittagssonne glänzt. Auf den Stufen der Treppe sitzen junge Leute, die essen, schlafen oder teilnahmslos auf den Platz hinunterblicken. Vorbei an den teuren Geschäften und einer Bank, gelange ich zu der Rolltreppe, die mich in die Unterirdische Stadt bringt. Die Unterirdische Stadt trennt die obere Stadt in zwei Teile und wird als Unterführung benutzt. Unlängst hat man hier Skelette gefunden, und seither ist die Unterirdische Stadt eine Attraktion für Touristen. Rasch gehe ich durch die schwach beleuchtete, schmale Gasse. Es riecht nach kalten Steinen, und es ist immer feucht hier unten, auch im Hochsommer. Unter einer Glasscheibe, in der Erde versenkt, ist eines der Skelette ausgestellt; der Schädel, die Beckenknochen und Splitter vom Unterschenkel liegen sorgfältig angeordnet da. Vermutlich ein achtjähriger Junge, ist der Informationstafel zu entnehmen. Am Gitter davor stehen einige Touristen und flüstern. In den unbeleuchteten Nischen treffen sich die Drogensüchtigen. Sie stellen Kerzen auf, damit sie ihre Venen besser finden. Bisweilen erkennt man ihre ausgemergelten Gesichter im flackernden Licht einer Kerze oder sieht einen Steinquader bespickt mit Kerzenstummeln, die die Reinigungstruppe, die allabendlich durch die Unterirdische Stadt zieht, vergessen hat.

(Zoë Jenny: Das Blütenstaubzimmer. Frankfurt a. M.: Frankfurter Verlagsanstalt 1997)

Die Icherzählerin befindet sich an einem **fremden Ort,** den sie als die „Unterirdische Stadt" bezeichnet. Die Großschreibung des Adjektivs verdeutlicht, dass es sich – ganz im Empfinden der Icherzählerin – um den Namen (gewissermaßen Eigennamen) der Stadt handelt. Die Tatsache, dass die Stadt sich unterirdisch befindet, lässt das **Motiv des Todes** anklingen. Sie ist eine Art Hades, die Unterwelt, in der die Toten als Schatten wandeln. Folgende Details verweisen auf das Motiv des Todes:

- die Kirche als Mumie, die Skelette als Sinnbilder des Todes,
- die Drogensüchtigen und ihre ausgemergelten Gesichter,
- die Teilnahmslosigkeit bzw. Gleichgültigkeit der jungen Leute,
- den Voyeurismus und die Sensationslust der Touristen,
- Isolation, Kälte, Dunkelheit, aber auch Menschen, Hitze, Helligkeit.

Die Icherzählerin scheint in dieser Welt nur für diesen geschilderten Augenblick zu leben. Sie ist dieser düsteren Stimmung ausgesetzt, nicht einmal ein Gespräch scheint möglich zu sein.

10

AFB III

Untersuchen Sie den Textauszug aus dem Monolog „Der direkte Draht zum schwarzen Mann" aus Feridun Zaimoglus „Kanak Sprak" hinsichtlich der sprachlichen Besonderheiten.

M1 **Feridun Zaimoglu: „Der direkte Draht zum schwarzen Mann"**

Der sound (des Rap) besteht aus krawall und city-hektik, zu tosendem klang und stadtgebrüll und gellendem misslaut hackt er den knallharten text ab. Klar bruder, dass die bewegung überschwappte über den großen teich und uns ergriff wie ne gottverdammte heiße offenbarung. So ende 83 hat's mich denn auch erwischt, wie ich noch als jungblutbengel durch viertel kackstelzte, in so ner schmorigen unruhe gehalten, und ich nahm gleich auch den guten kodex an, der da heißt: wirf dein leben nicht weg, wenn du echt bronx sein willst, pfoten weg von dem, was dich und die gemeinde schwächt, no drugs, no crime, und stärke und respekt vor schwestern und brüdern, und schutz nur in der gemeinschaft derer, die sich clean halten aus purer überzeugung.

(aus: Kanak Sprak. 24 Mißtöne vom Rande der Gesellschaft © Rotbuch Verlag, Berlin, 2007, [1995])

In dem Buch „Kanak Sprak" stehen türkische oder türkischstämmige Jugendliche, die in Deutschland leben, im Mittelpunkt. Ihre eigentümliche Lebenssituation ist v. a. durch die **Eigentümlichkeit der Sprache** geprägt. Diese „Kanak Sprak" („Türkensprache") weist folgende Besonderheiten auf:

- durchgängige Kleinschreibung, d. h., die Orthografie der Zielsprache wird nicht eingehalten,
- umgangssprachliche Wendungen („pfoten weg");
- Szenejargon („bronx sein");
- Neologismen („jungblutbengel");
- Satzreihen dominieren den Text;
- aussagekräftige und emotionale Adjektive („tosendem", „gellendem");
- Anglizismen („clean", „no drugs, no crime").

Wirkung der „Kanak Sprak"

Die bewusst gesetzten sprachlichen Elemente führen zu einem unverwechselbaren und kunstvoll gestalteten Szenejargon. Dieser Jargon soll cool wirken, einen **selbstbewussten Sprecher** ausstrahlen, der über alles Bescheid weiß und sich mit den Dingen des Lebens auskennt. Doch die Art des Sprechens lässt beim Leser mit Sicherheit einige Zweifel aufkommen, denn die vermeintliche **Coolness** ist eine Art Täuschung, die einen **Stolz** auf die eigene Abstammung und Kultur aufbaut, der soziale Schwäche, Diskriminierung und Integrationsprobleme kompensieren soll.

11

Setzen Sie sich anhand des vorliegenden Auszugs aus Judith Hermanns Erzählung „Sonja" aus dem Erzählband „Sommerhaus, später" mit dem Erzählstil auseinander.

AFB III

M1 **Judith Hermann: „Sonja" (1998); Auszug**

Sonja war biegsam. Ich meine nicht dieses „biegsam wie eine Gerte", nicht körperlich. Sonja war biegsam – im Kopf. Es ist schwierig zu erklären. Vielleicht – dass sie mir jede Projektion erlaubte. Sie erlaubte mir jede mögliche Wunschvorstellung von ihrer Person, sie konnte eine Unbekannte sein, eine kleine Muse, jene Frau, der man einmal auf der Straße begegnet und an die man sich noch Jahre später mit dem Gefühl eines ungeheuren Versäumnisses erinnert. Sie konnte dumm sein und bieder, zynisch und klug. Sie konnte herrlich sein und schön, und es gab Augenblicke, da war sie ein Mädchen, blass im braunen Mantel und wirklich unwichtig; ich glaube, sie war so biegsam, weil sie eigentlich nichts war.
Ich begegnete Sonja auf einer Zugfahrt von Hamburg nach Berlin. Ich hatte Verena besucht und war auf dem Heimweg; ich hatte acht Tage mit ihr verbracht, und ich war sehr in sie verliebt. Verena hatte einen Kirschmund und rabenschwarzes Haar, das ich ihr jeden Morgen zu zwei dicken, schweren Zöpfen flocht, wir gingen am Hafen spazieren, ich sprang um sie herum, rief ihren Namen, verscheuchte die Möwen, fand sie wunderbar.

(aus: Judith Hermann: Sommerhaus, später. © S. Fischer Verlag GmbH, Frankfurt am Main 1998)

Der Icherzähler berichtet von seiner ersten Begegnung mit Sonja im Zug von Hamburg nach Berlin. Obschon der männliche Icherzähler aus einem größeren zeitlichen Abstand von den Geschehnissen berichtet (Verwendung des Imperfekts), versucht er, sich **Sonja sprachlich zu nähern.** Diese sprachliche Annährung hat folgende Merkmale:

- Wiederholung und Reihung von Adjektiven;
- Satzreihen, kurze Sätze durch Kommas abgetrennt;
- Nennung ihrer Eigenschaften, nicht Beschreiben anhand von Erlebtem;
- die Eigenschaften, nicht das Wann und Wo der Begegnung, stehen im Vordergrund; raffender Bericht.

Wirkung des Erzählstils

Der Erzähler scheint atemlos über Sonja zu berichten, er ist stark emotional an seiner Beschreibung beteiligt. Es wird der Eindruck erzeugt, als ob die Begegnung zeitlich noch nicht lange zurückläge. Trotz der scheinbaren Unmittelbarkeit scheint der Erzähler schon ein abgeschlossenes Bild und Urteil von Sonja zu haben: „Sonja war biegsam [...], dass sie mir jede Projektion erlaubte. [...] sie war so biegsam, weil sie eigentlich nichts war."

AFB III

12

Prüfen Sie die Bedeutung des Begriffs „literarisches Fräuleinwunder", der von Volker Hage geprägt wurde, und zeigen Sie den Stellenwert von zeitgenössischen Autorinnen auf.

Herkunft des Begriffs

Da sich unter den zahlreichen jüngeren und zeitgenössischen Autoren besonders viele Frauen befinden, prägte Volker Hage in seinem Spiegel-Artikel „Ganz schön abgedreht" vom 22. März 1999 den Begriff „literarisches Fräuleinwunder". Volker Hage spielt mit diesem Begriff auf junge, glamouröse Frauen in den 1950er-Jahren in Amerika an. Dieser Frauentyp war in Deutschland besonders in der entstehenden Model- und Modebranche zu finden. Vor dem Hintergrund der deutschen Geschichte ist dieser Begriff einer, der in den 1950er- und 1960er-Jahren im Rahmen der „Wunder"-Bezeichnungen („Wirtschaftswunder") geprägt wurde.
Zu den Autorinnen, die mit diesem Label belegt werden, gehören u. a. Zoë Jenny, Judith Hermann, Felicitas Hoppe und Terézia Mora.

„Fräuleinwunder" und der Stellenwert zeitgenössischer Autorinnen

Eine nähere Prüfung des Begriffs führt zu folgenden Aussagen über den Stellenwert zeitgenössischer Autorinnen:

- Der Begriff „Fräulein" wirkt herablassend-pejorativ, antiquiert und angestaubt und steht im Widerspruch zu dem, was Autorinnen für sich in Anspruch nehmen, nämlich Gleichberechtigung mit den männlichen Kollegen.
- Der Begriff „Wunder" evoziert das „Besondere" oder „Außergewöhnliche". Schreibende Frauen werden immer noch als etwas Exotisches beäugt, besonders dann, wenn sie zahlreich auftreten und literarisch erfolgreich sind.
- „Fräuleinwunder" suggeriert aber auch „junge Frauen" aus gutem Hause, die auf „wunder"bare Art und Weise – und nicht unbedingt durch ihr Können – zum Schreiben gekommen sind.
- Der Begriff bedient sich eines überholten Frauenbildes, das die jungen Autorinnen als eine vorübergehende Erscheinung abwertet.
- Bezeichnend für diese Begrifflichkeit ist, dass sie von einem männlichen Schreiber geprägt wurde, um ein Phänomen zu erklären, das Normalität sein sollte und daher einer weiteren Thematisierung nicht bedarf. Der Begriff kann verstanden werden als Ausdruck männlicher Hilflosigkeit oder als Versuch, ein von Männern dominiertes Feld gegenüber den Frauen zu verteidigen, indem man sie in die Ecke des Glamourösen und Oberflächlichen drängt.